光をみつける

～全盲ヴァイオリニストからのメッセージ～

穴澤雄介

ぱるす出版

目次　光をみつける　全盲ヴァイオリストからのメッセージ

第2章　ウサギとカメの競走にイモムシが勝つ7つの方法!!

第3章　イモムシからチョウへ、まさかのマラソンチャレンジ!!

第4章　チャレンジできる人間に生まれ変わる条件!!

第5章　より羽ばたくために、より輝くために!!

プロローグ

ダメな過去もたくさんあって……

いやあ、講演に呼ばれる人とか、本を書く人とか、映画になる人とかって、もっと偉い人であるべきだと思うのですけどねえ……。

学校の成績でいえば、私は小中高全て5段階評価でしたけど、国語と英語は、ほぼ毎回「2」でしたし、だからといって、体育や美術も、決まって「2」でしたし……。

さすがに音楽だけは、ほぼ毎回「5」か「4」でした。でも、クラスの中で一番音楽が得意な子だったわけではありません。そうですねえ、いつもだいたい3番目くらいかなあ。

とにかく私なんかより、プロのミュージシャンに近かったであろうクラスメイトが、必ずいましたよね。そうそう、ヴァイオリンだって、小学5年生の途中までは、趣味でやっている子たちの中でさえ下手で、いつも馬鹿にされていたのですよ。

じゃあ、人気者だったのかといえば、これまたそういうわけでもなくてですねえ。いじめられていた時期も少しありましたし、女の子にも全然モテませんでしたよね。

バレンタインのチョコレートでいえば、初めてもらったのは幼稚園の年長さんの時。1歳年下の、よく遊んであげていた子からもらえて、なかなかこれは優秀でしたが、それからが酷かった。社会人になるまでの、一番男子がチョコレートの数を気にする時期に、私がもらえた本命チョコは、たったの1回。中学2年生の時でしたけどね。その時だって、

「穴澤なんかに本命チョコを渡した変な子がいる！」って茶化され、半分お笑いネタみたいに噂されたりして、もうむごいよなあ、みんな……。

時々、

「穴澤さんはヴァイオリニストなのだから、もっと格好つければいいのに」みたいなことを言われます。まあ、普通に考えれば、そうなのですけど、私の場合はダメな過去がありすぎて、隠しても隠し切れないいくらいたくさんあるものですから、いっそのこと正直に、過去をさらけ出しちゃったほうが、私自身も楽かなあと考えているわけです。

でもこれで、私穴澤が正真正銘、エリートではないことを、おわかりいただけましたよね。

AIと闘って？　25年

では、こんなにスタート地点が低すぎた私が、どうして講演や演奏に呼ばれたり、ラジオやテレビに出演させてもらえたり、ＣＤや本が出せたり、映画になったりするまでに至ったのか……。

自分でも考えられないのですが、その秘密は、この本を読めば全てが明らかになります。おそらく、たぶん、きっと……。

つまり、私よりはスタート地点が高かった大多数の人は、この本をマニュアル代わりに使えば、あっという間に穴澤雄介なんて追い越せちゃいますよ。

しまったあ、敵に塩を送ってしまったあ!!

さて、私は大した人間ではありませんが……。

あなたも大した人間ではありません。お気を悪くされたなら、ごめんなさい。訂正します。もしかして今のあなたは大した人かもしれません。でも近い将来、大した人ではなくなってしまうかもしれません。なぜなら、あなたは、

「AIに仕事は奪われない」

と、自信をもって言い切れますか。少なからずAIが誇るスピードと適格性に、恐怖を感じるのではないでしょうか。

そこで、おすすめしたいのが、この本なのです。必ずやAI対策にも、お役に立てるかと存じます。理由は簡単です。私は25年も前から既に、AIと闘ってきたからです。

「そんなわけがないでしょう?」って、思いますよね。

はい、厳密にいえば、相手はAIではありませんね。実は私、中途失明で全盲なのです。視覚障害者である以上、自ずとスピード弱者にもなり、情報障害者にもなってしまうのです。つまり私からすると、健常者のみなさんはAIみたいなものなのですよ。

心臓病、両親の離婚、父の夜逃げ

そのＡＩたちの中で、私は視覚障害という境遇以外にも、心臓病による運動制限や両親の離婚、会社倒産による父の夜逃げ、そこからの貧困生活など、様々な悪条件に囲まれながら過ごさなければなりませんでした。けれども、あの手この手を投じて、かなりしぶとく、まるでゴキブリのように生き延びてきたのですよ。そうした私の、あの手この手をですね、あなたにも惜しみなくシェアしちゃいましょうというのが、本書の企画なのでございます!!

あっ、だけど、いくらなんでもゴキブリでは、あまりに嫌われ者すぎるので、ここでは可愛く、せめて「イモムシ」とさせていただいてもよろしいですか？

さあさあ、今は優秀なあなたも、今は優秀でないあなたも、ぜひ明るく楽しく、私穴澤のずる賢いアイディア満載の、イモムシスキルに触れてみてくださいね!!

人は変われる

改めまして、皆様こんにちは。全盲のヴァイオリニストであり作・編曲家、講演家、ユーチューバー、ラジオパーソナリティ等々、色々な顔をもってしまった、穴澤雄介です。

最近では写真やマラソン、水泳や南極行きなどにも挑戦しています。何しろ、すっかりチャレンジ癖が染みついてしまったもので、やりたいことが増える一方で、全然時間が足りませんね。これは本当に幸せなことです。

ですが、昔の私は決してこのような行動的な人間ではありませんでした。むしろ、真逆なタイプだったといえるでしょう。自信も勇気もあまりなく、故に諦めることも多く、高校1年の通知表には、

「自分を過小評価しすぎている」なんて書かれていたくらいです。わからないものですね。考え方をちょっと変えるだけで、人って本当に変われるようです。

劣等感の塊から抜け出せたのはなぜ？

それでは初めに、この本をお手に取ってくださったあなたへ、簡単な自己紹介と私穴澤の思いをお伝えしましょう。

幼年期の私は、普通の男の子でした。いいえ、普通の男の子のつもりでいました。けれども物事がわかる年齢になると、自ずと目と心臓に障害をもって生まれてきた子どもなのだと察することとなりました。目は軽度の弱視でしたが心臓は重度で、強い運動制限があったことを記憶しています。

そんな私が、初めて手にした楽器は、5歳の時から習い始めたヴァイオリンです。しかし、私は病気があるにもかかわらず、外で遊ぶことが大好きな子どもでしたし、先生の前でお行

儀よくといったことも苦手でしたから、練習やレッスンには全く身が入らず、本当にいやでいやで仕方がありませんでした。それも単なる「おけいこ事」レベルの教室でしたから、私は「5歳から音楽の勉強を始めた」とは、とてもとても言い難いのです。

最初の心臓の手術を受けたのは、10歳の時でした。その負担が弱いところに出たのでしょう。それまであった視力が、この手術を境に少しずつ下がり出したのです。そして、それと比例するように、文字を読む速度も落ちて行き、学校の成績も次第に悪化……。

勉強もスポーツも困難になった私は、音楽を唯一の生きる手段として選び、それまで片手間に行なってきたヴァイオリンを、本格的に学ぶことを決意します。

ところが視力の低下は止まらず、楽譜を読むことも不可能となり、音楽の道さえも閉ざされたかのように自信を喪失。それに追い打ちをかけるように、両親は

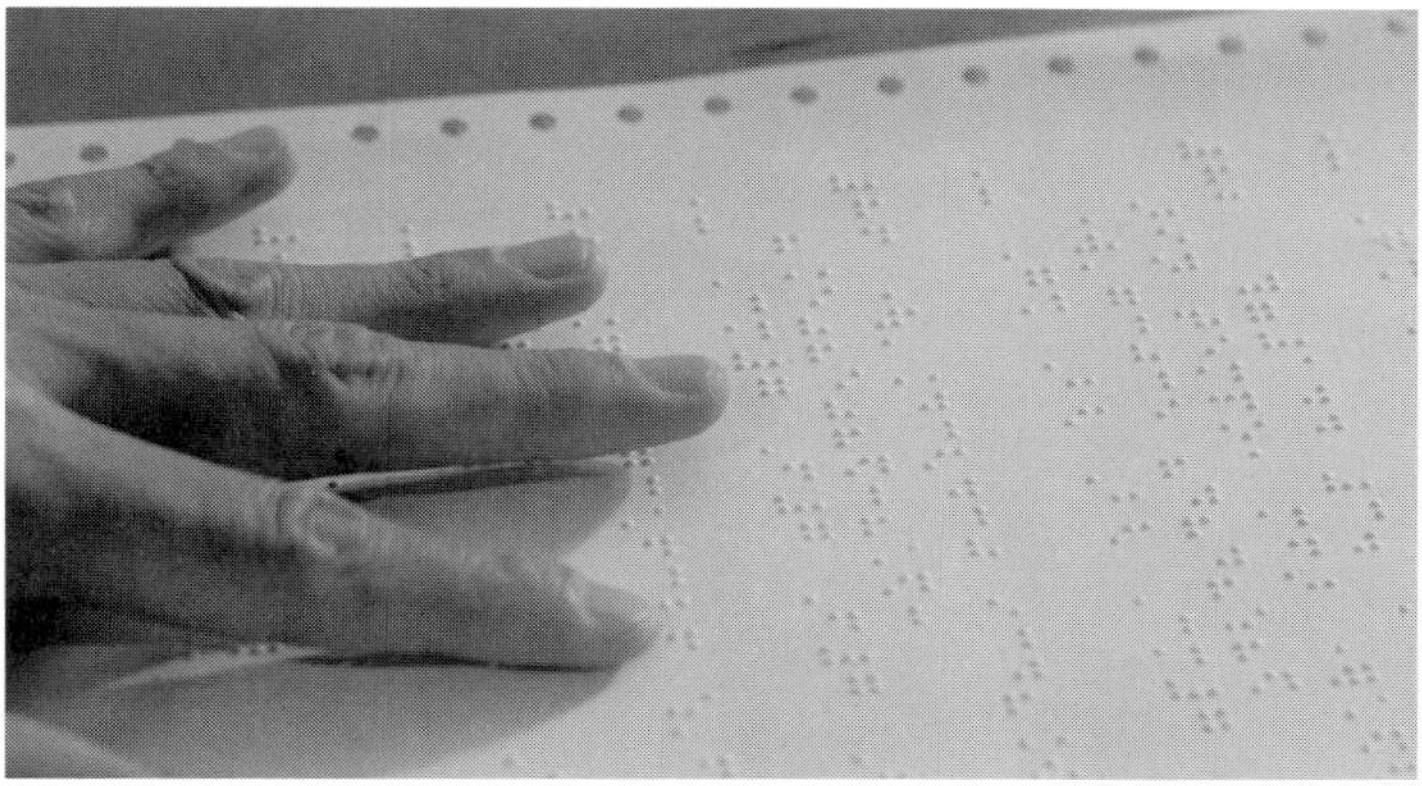
楽譜を読む

離婚して母がいなくなり、父が経営していた会社はバブルの崩壊と円高の影響を受けて業績は酷く悪化。その後、倒産して父は夜逃げ。私は住む家さえも失うこととなり、まさに衣食住にも困り果てる日々とともに20代の前半を過ごしました。

身体的コンプレックスに加えて経済的コンプレックス。音楽を本格的に始めたのも明らかに遅く、学歴も音大どころか高卒。20代前半までの私は、コンプレックスの固まりのような人生だったのです。それでも、私がヴァイオリニストになれたのは、一体なぜだと思いますか？

例えば、楽譜が見えなくて困るのならば、自らの手で楽譜を作り出す立場に回ればよいのでは？　そんな発想から、通常のヴァイオリン学習とは違う作曲を始めました。

例えば、演奏経験がないから仕事を出せないと言われたので、ボランティアで無料コンサートを催し、無理矢理演奏実績を作りました。

人生はトラック競技でない

そう、「人生はトラック競技ではない」と気がつき、「不可能を可能にするのではなく、不可能が新たな可能を生むのだ」という確信を、根底から得たのです。

誰もが進む道を歩もうとすれば、常に誰かと比較して生きることに繋がります。弱点の克服ばかりに気を取られれば、長所を探す機会も伸ばす時間も失ってしまうのです。

私が何度も立たされた崖っぷちで打ち出した苦肉の策たちは、今振り返れば全て画期的な良質の策ばかりでした。

「満たされない」という感情や環境は、かなりの高確率で、素晴らしい知恵を与えてくれるのです。

これまで心臓の手術は3回、視覚障害者となって電車のホームから転落したことは2回、車にひかれたことは3回……。

それでも今日まで命がある、大きな感謝と喜びを抱きしめて、これから残りの人生で、私がなすべきこととは何でしょう。

私は、自分と同じような障害のある方はもちろん、何らかの強いコンプレックスを抱えている方たちにも、可能性を確信してもらうために奮闘する人生を熱望します。自分の経験を、培ったノウハウを、決して惜しむことなく、心のサプリメントとなる音楽とともに、一人でも多くの方にお伝えできればと願います。

幸か不幸か、せっかく光を失ったのですから……。

光を感じてもらえるように、光をプレゼントできるように、私自身も光を探し、そして光を作り続けます。この本も、あなたへの光の一つになることを願って――。

さあ、一緒に光をみつけましょう!!

第1章

考え方の改革、人生はトラック競技じゃない!!

枠組から自分を解放しよう!!

諦めなくていい方法を考える

さて、プロローグでも書きましたとおり、私は20代前半まで、どうしようもないコンプレックスの固まりのような人生を歩んでいました。

「もう駄目かもしれない」という崖っぷちにも、何度も立たされました。しかし私は、周囲の人たちに解決策を相談した記憶がほとんどありません。

なぜかって？

アドバイスされる内容が、もう初めからわかってしまうから、察しがついてしまうからです。まあ、いろんなことを言ってくれるのかもしれませんけど、結局最終的には、「諦めないで一所懸命頑張るしかないよ」って、だいたいそんなことでしょう？

わかってますよ。そんなことは言われなくても、よ〜くわかっています。もちろん自分なりに頑張っているつもりですし……。

でもね、１日の長さは24時間しかなく、それは誰にとっても変わらないわけで、一睡もしないで動き続けることは当然無理なわけで……。

頑張ってどうにかなるレベルにさえ自分が位置していれば、そりゃあ気合入れて頑張りますけど、どう頑張ったって明らかに無理な状況にいたら、

「やっても無駄だな」って、やっぱりそう思うわけですよ。そんな立場にいる人間に向けても、

「諦めるな！」って言うのは、あまりにも残酷ではないでしょうか。私からすれば、

「それでも諦めるな！」と言い続けるだけの人は、どん底を経験したことがないか、柔軟に考える能力のない人ですね。

では、もし今の私が、昔の私にアドバイスを求められたとしたなら、一体どうするか。きっと、こんなことを言うでしょう。

「よし、さっさと諦めて、諦めなくても済む方法を粘り強く考えよう！」と——。

ここで述べている「さっさと諦めて」に該当するのは、他の大多数の人たちと同じコースや手段を選ぶ生き方に対してのこと。かつての私もそうでしたけど、

「自分は劣っている」と感じる時、常に見えない枠組の存在があると思います。

「クラスの中で」「同世代の中で」「一般平均よりも」など、本来なら意識しなくてもいい枠組にとらわれ、その中で比較をしてしまっているのです。

道はたくさんある

突然ですが、あなたは何歳まで生きますか？　ご存じですか？

わかりませんよね。もしかして50歳までしか生きられない人は、１００歳まで生きる人の2倍頑張らなければ、理屈に合わないのかもしれませんよ。だとすれば、同い年の人と比べることだって、ナンセンスだとは思いませんか？

さらには、自分が縛られている枠組の中の人たちと、同じ方法で走り続けようと奮闘していませんか。誰かが敷いたレールの上に、自分を無理に載せる必要なんて、絶対にありませんからね。そのレールを選ぶほうが、あなたにとって有利だと思えた時のみ使えばいいだけのことです。

周りの人とは異なるレールに切り替えるも良し、自分で新たなレールを敷くも良し、レールはやめて道路や水路を進んだって良いはずなのです。

かつての私は、ヴァイオリニストになる方法は、一つしかないと勝手に決めつけていました。周りの同世代の中で、自分と同じようにヴァイオリニストを目指している子たちと、同じような教本を使って、同じような楽曲を弾き、できるだけ早く合格をもらい、できるだけ名のある先生に教わり、できるだけ名のあるコンクールに出て、できるだけ良い賞を取り、できるだけ高価な楽器を親に買ってもらって、できるだけ名のある音大へと進み、あわよくば留学も……。

そんな道をひたすら進むことだけが、ヴァイオリニストになる方法だと信じてしまっていたのです。

何の疑問ももたずに、できるだけその道から外れないように、できるだけみんなより早く進めるように……。

そのことだけに集中することこそ、ヴァイオリニストへの近道であり、唯一の道と、私は狭い考えに固執していたのです。だから、これ以上その道を進むことは難しい、周囲に勝てるわけもないと悟った時、ヴァイオリニストは諦めるしかないだろうなと思ってしまったのです。

けれども実際は全然違っていた。大きな壁にぶち当たって、私は目が覚めたのです。

「本当に道は一つしかないのか？」と、ようやく疑問をもつことができたのです。そして、私が選んだ自分だけの道は、まぎれもなく私にとって大いなる近道でした。もし、「それでも頑張ればどうにか！」と、みんなと同じ道を歩み続けていたなら、確実にプロのヴァイオリニストになんてなれませんでしたね。

枠組を外す

つまり話を整理しますと、あなたが、「いくら頑張っても無理だ」と思ったら、一度そのまま進み続けることを思い切ってやめて、落ち着いて考えてみてほしいのです。

本来、人生に地図はありません。ゴール地点も記されてなければ、道もないはず……。固定概念を捨てて、比較しがちな周りの人たちのことや、一般論なども忘れ去って、完全に新たな気持ちで、どこを目指して進むべきかを、どんな手段で進むべきかを、じっくりと考えてみましょう。

私は崖っぷちに立たされた時、いつもそんなやり方で打開策を探り続けてきました。そうやって粘り強く考えていると、見えてくるのですよ。とっておきの悪知恵が。いや失礼。独創的で最高の打開策が見えてくるのです。

あなたも見えない枠組に縛られていませんか。このテストで何点取れるか、このレースを何秒で走れるか、この学校でどれくらい人気者になれるか……。

幼い頃から、何度も何度も様々な枠組の中で戦わされていると、本当は枠組なんて存在しない場面でも、勝手に自分の頭の中で枠組を作ってしまい、比べて落ち込んだり、道を狭めてしまったりする癖がついてしまうのです。

もちろん最低限、社会的に守らなければならないルールは存在します。けれども、それさえクリアできるのなら、もっとあなたは、あなたの直感に耳を傾けて生きてみても良いはずです。あなただけの、あなたの人生です。あなたの人生に、あなたの自由が与えられていないわけがありません。

取り柄がないからこそ選ぶべき？　個性的になる方法!!

点字を読めるのは視覚障害者の1～2割

私のステージをご覧いただければ一目瞭然だと思いますが、私は間違いなく正統派ヴァイオリニストではありません。実に様々なジャンルの音楽を弾き、自作の楽曲はジャンル分けが難しく、音色も癖が強く特徴的で、オリジナル奏法も多い……。

口笛を使ってみたり、ヴァイオリンを演奏しながら足でパーカッションを鳴らしてみたり、ヴァイオリンを吹いてみたり、ヴァイオリンで動物の鳴きまねを弾いてみたり、他にヴィオラや5弦のエレクトリック・ヴァイオリンを使ったりもします。

まあ要するに「個性派」ということになるでしょう。では一体なぜ、何の取り柄もなかった私が、個性派ヴァイオリニストになれたのでしょうか。

私は少なくとも、高校2年生になるまでは、何の取り柄もない普通のヴァイオリン弾きでした。大して上手なわけでもなく、高価な楽器を持っているわけでもないし、知識や経験が豊富なわけでもない。

まあ、あえてプロのヴァイオリニストを目指している同い年と比較をしたならば、おそらく下の中か、せいぜい中の下といったレベルだったのではと推察します。

そんななか、いよいよ視力の低下により、文字も楽譜も読むのが難しくなった私は、学校側の勧めもあり、点字を学習することとなりました。一般的に、

「目の見えない人には点字を渡しておけば大丈夫」と思われがちですけど……。

実は、意外と知られていないようですが、点字が読める視覚障害者というのは、視覚障害者全体の1割とか2割程度といわれているのです。つまり、ほとんどの視覚障害者は点字が読めないといっても過言ではないくらい……。

それだけ点字を覚えるのは、容易ではないのです。まだ私は高校から切り替えたので、どうにか点字を使えるようにはなりましたけど、今でさえ、幼少期から点字を使っている人と比べますと、読み書きするスピードは、圧倒的に遅いです。

さらに、点字楽譜の学習も、急ピッチでスタート。でも、みなさんよく考えてみてください。そもそも点字って指で読むものですよね。ヴァイオリンは両手を使う……。

要するに、楽譜を読みながら演奏することは不可能なわけです。点字楽譜を少しずつ少しずつ読んで覚えて、1曲全部暗譜できて、初めてその曲が弾けるというもの……。

それだけでも、かなりのハンデだと思いませんか。それに加え、その点字楽譜を読むスピードも、まだまだ遅いという当時の私……。

まあ、それでも幼い頃から超天才ヴァイオリン少年だったなら、どうにかなったのかもしれませんが、私は完全に出遅れ組。ヴァイオリニストを目指している周りの子たち以上に頑張らなければならないこの段階で、こんなハンデを突きつけられたら、

「どう頑張ったって無理でしょう」って、そう悟ったのです。

先生に見放される

大きな壁にぶち当たり、落ちこみ、苦しみ、悩み、もがき続けた末に、ひらめいたアイディア、それが作曲、さらに編曲や即興演奏だったのです。楽譜でハンデを背負うなら、楽譜を作る側に回ればよいのでは、自分で弾くものは自分で考えよう。完全に頭を切り替えたのです。画期的な打開策、

「これしかない」と思いました!!

しかし、当時のヴァイオリン講師には、鼻で笑われただけでした。今でこそ作曲や即興も

行なうヴァイオリニストは増えてきましたけど、その頃の日本では、ほとんど見当たりませんでしたからね。

ヴァイオリニストを目指す人が普通に歩むコースしか知らない彼にとっては、私の打開策なんて、安直な思いつきとしか感じられなかったのでしょう。

結局、その講師とはどんどん対立し、高校3年の後半になると授業さえ成立しなくなり、ヴァイオリンは学校外で別の先生に教わって、学校内では代わりに作曲の理論を勉強するという、異例の措置が取られました。

普通とは違う方向へ

まあ、そんな結果にはなりましたが、この時ひらめいたアイディアと決断と実行がなければ、全盲のヴァイオリニスト穴澤雄介は誕生していなかったでしょう。

そしてこれを境に、普通とは違う方向へ、普通とは違う方向へと、舵を切れる人間になれたのです。それが何より大きかった。

誰もが行かない方角を選ぶことは、とても勇気のいることかもしれない。孤独との戦いにもなりますね。けれども、みんなから大幅に遅れを取れば、やっぱり一人ぼっちになってしまう。自ら選び進んで味わう孤独と、置いて行かれて味わう孤独……。

同じ孤独なら、前者のほうが、はるかに気分がいいと思いませんか？私は何の取り柄もなかったからこそ、個性派を選ぶべきと決意し実行できました。矛盾しているように聞こえるかもしれませんけど、ここまで本を読んでくだされば、きっとご理解いただけるでしょう。

取り柄とは、トップクラスの人たちだけがもてるものではないのです。トップクラスの人たちは、人並み外れて先頭をひた走ります。かつての私のような落ちこぼれ組は、人並み外れた後方から追いかける。

でも、横へ斜めへと人並み外れることなら、意図的にできますからね。その意図的に手に入れる取り柄こそが、あなただけの強烈な個性、あなたを助ける武器となるのです。

この世に、私より上手なヴァイオリニストなんて、星の数ほどいることでしょう。でも、私みたいなヴァイオリニストは、どこにもいません。

そういう展開に持ち込む作戦に、あえて私は出たのです。簡単です。人がやっていないこと、やっている人が少ないことを、片っ端から試してみる、ひたすらこれの繰り返しで、あっという間に個性的になれます。ぜひ参考にしてみてください!!

誰にでも簡単にできる、プラス1を生み出す方法

なぜカウボーイハット？

私は以前、ラジオでこんな話を聞いたことがあります。それはビジネス界における人材発掘についての話でした。

現在の日本では、コンピュータやインターネットを使いこなせる若者が増えたため、「1を10にできる人材」は増加傾向にあるとか。ところがその反面、「0から1を生み出せる人材」は減少しているのだとか。確かにそれは、大いにあり得る話だと思いました。

されど私穴澤には「1」を生み出す人材になれる、とっておきの秘策があるのです。この本を手にしてくださったあなたへ、その方法をシェアいたしましょう!!

私は周囲から、「アイディアマンだよね」と言ってもらえることが度々あります。確かに、独自路線を切り開くことに関しては、得意だと思っています。しかし現在、私が音楽家として売りにしている独自のスタイルは、その大多数が、苦肉の策として無理に絞り出したアイディアで形成されているのです。つまり、ナイスアイディアのきっかけは、いつもマイナスからのスタートだったというわけです。

例えば、まだまだ仕事が少なかった頃、お金がないからスーツやタキシードなどの衣装が買えないという、大変困った状況がありました。悩みに悩んで、金銭的価値で勝負ができないならば、コンセプト勝負に切り替えようとひらめきました。

そこで、カウボーイファッションを定番の衣装に採用。今では、すっかり私のトレードマークとして、お客様の記憶にも定着。ファッションで褒められる機会も増えました。

また同じ頃、小規模な仕事しか取れなかったために、共演者をつけられない場合が多々ありました。ヴァイオリン1本だけでも、寂しい印象を与えず、わかりやすく、飽きられず、エンタテイメント性もあって、バラエティーに富んだ演奏を作るには？　と追い込まれた私は、ヴァイオリンでは弾かないジャンルの音楽をレパートリーにしてみたり、ジャズ系のギター独奏を参考に、まるでヴァイオリンをコード楽器のように使うパフォーマンスを考えたり、色々試みました。

足でのパーカッションや口笛も、この時期に考案しました。もちろん失敗作も多少ありましたが、そうした苦し紛れの様々な工夫が、普通のヴァイオリニストと明らかに違う、今の穴澤雄介を作り出してくれたのです。

創造力は制約された環境から

さて、そんな「アイデアマン」とも言われる私ですが、決して自分が「0から1を生み出せる人材」だとは思っていません。

残念な話ですが、「不可能を可能にする男」ではないです。けれども私は「不可能が新たな可能を生むのだ」と、心の底から信じ切っているのです。

だから、どんな困難な状況になっても、

「絶対にどこかに抜け道や逃げ道があるはず」と、粘り強く考え続けることができる。いわば私は、「マイナス1からプラス1を生み出せる人材」なのです。

そしてこの手法、実をいうと、誰にでも簡単に応用できてしまうのです。なぜなら困難な状況も、コンプレックスも障害も、リアルでなくてもバーチャルに作り出せるからです。

わざと自分自身に「マイナス1」を与え、それを補う方法を考えさせればいいだけなのです。参考として、私が作曲する際によく使う手法をご紹介しましょう。

例えば「ドレミファソラシド」全ての音が使える状況にも関わらず、あえて、

「この4小節間はファとラとシしか使えない」と制限をかけてしまう。

常識的に考えれば、より音の選択肢が多いほうが、作曲するアイディアも膨らむだろうと思いますよね。意外と自由度が高いと何も思い浮かばず、逆に制限をかけられたほうが新し

い発想が生まれやすかったりもするのですよ!!

使える場面は多種多様です。料理に応用してみるならば、「キャベツがない状況でロールキャベツを作るとしたら」なんて考えてみる。面白い創作料理が完成するかもしれません。

ファッションデザインに応用してみるならば、アイマスクをし、全盲の状態で服を考えてみては？　布地やボタンにバリエーションをつけるなど、色彩感より触感に意識を向けたデザインを想像できるかもしれませんよ。

このように、満たされない環境をわざと自分に与えてみるのです。今までの頭では考えつかなかったようなアイディア創出のチャンスを得ることができます。

それも、誰でも、簡単に、何度でも得ることができるのです。もちろん、わざとマイナスの状況を自分に与えなくても、既に劣等感をもっている私たちは、より一層アイディア創出に適している人材といえるでしょう。

ですから、恵まれた環境にいる人たちを羨んだり、恵まれない環境や境遇、障害を恨んだりするのは、もうやめましょう。

ある会場で、講演終了後の質疑応答の際に、こんな質問をいただいたことがありました。

「穴澤さんのようにマイナスをプラスに変えられる人と、いつまでもマイナスのままでいる人との差は何でしょうか」と……。

差など存在しません。ただし、これだけは断言できます。現状を受け止めようとせず拒み続ける人、恨みの感情を捨てきれずに引きずり続ける人は、いつまでもプラスに変えられないでしょう。

気持ちは、痛いほどよくわかるのですけど、こうした感情を抱えたままですと、自己否定や甘えにも繋がってしまいますから、さっさと忘れて、卒業しちゃいましょう。あなたは最高のアイディアマンになれる人なのですから!!

人は飛べないから飛行機を発明した

突然ですが、草原を走っている馬を思い浮かべてみてください。その馬に対して、「羨ましい」と感じますか。あなたが陸上選手ならば、多少は憧れたりするかもしれませんが、普通はそこまで羨ましいとは思いませんよね。

なぜなら、私たち人間には自動車があるし、電車もあるし……。

でも、もし人類が、馬と同じくらいの走行能力を持った生物だったとしたら、どうでしょう。人間は車輪を発明できていなかったかもしれないと思いませんか。

電線に止まっている雀を思い浮かべてみてください。

こちらは空を飛べますから、羨ましいと感じる方もおいででしょう。でも、あの雀たちがアメリカ大陸まで飛んで行けるとは思えないですよね。

もし人類が、雀と同じくらいの飛行能力を持った生物だったとしたら、どうでしょう。飛行機やヘリコプターは、発明できていなかったのではないでしょうか。

そう、これらは全て人間が、生物としてのコンプレックスを反転させ、マイナス1から見事なプラス1を生み出した、最高に素晴らしい財産です。故に、劣等感の強い私たちは、それだけ大きな可能性を秘めているということになるのではないですか。さあ、誰も思いつかなかった、あなただけのナイスアイディアを探しましょう!!

私が身体的コンプレックスをもった経緯

生まれる前に命拾い

１９７５年３月29日、私は心臓と目に障害をもって生まれました。

とはいえ、幼少期の視力は０・８ありましたので、あまり視覚で苦労した記憶はありません。ですが心臓は重度で、紫色の顔をして生まれ即入院。２歳ごろまでは、ほとんど病院で過ごしていたそうです。その後も入院や通院が頻繁にありました。

実は、本当に情けない話なのですが、私は社会人になるまで自分の出身地を明確に知りませんでした。母が私の赤ん坊の頃の話をしたがらなかったからで、質問すれば大変不機嫌になるので、聞くことができなかったのです。30歳を過ぎて、ようやく私が目と心臓に障害をもって生まれてきた本当の原因を知りました。

私が母のお腹にいる時、母が風疹にかかったそうです。

「生まれてくるお子さんは、障害児になるかもしれません」と医者から告げられ、母は堕胎することを望んだようですね。でも父は、

「心臓も動いているこの時点でおろすのは人殺しみたいで気が進まない」

と言い張り、そのおかげで私は生まれる前からの命拾いをしたのです。医者の予想は的中、障害児でしたけどね。母は私を見るなり、

「ほら、だから言ったじゃないの」と、激怒したらしいです。こんなにいい子になるのにねえ……。

見えなくなる恐怖

子どもの頃は運動制限が強く、体育はプール禁止、かけっこも50ｍ走まで。その割に外で遊ぶのが好きな子で、木登りや缶けり、釣りなどを楽しんでいました。

ヴァイオリンを一応5歳から習い始めるものの、まるで素質ゼロ。クラスメイトのヴァイオリンをやっている女子に、

「まだそんなところやってるの？」って、いつも馬鹿にされていました。ですから、私は謙遜抜きに完全な劣等生、まあ大嫌いでしたからね。

その反面、色々な楽器を自分勝手にいじくることは大好きで、ハーモニカやリコーダーは得意でしたし、吹奏楽部にも入部して、クラリネットを吹いてました。

小学5年の6月、私は最初の心臓の手術を受けることになります。子どもながらに、「もしかすると死んでしまうのかな」と、恐怖感を覚えました。とりあえず手術は、この時点としては成功しました。

しかし、身体的負担が弱いところに出たのか、視力は急激に0・2まで低下、その後も徐々に見えなくなる一方で、文字を読むスピードが極端に遅くなり、学校の勉強は大苦戦。好きだった読書もあまりしなくなり、みんなの前で教科書を読まされることが、何よりも恐怖でした。

友達や周囲の人が私の視力低下を不審がる様子は、大きなストレスでしたし、いじめにも遭遇しましたね。視力低下とともに眼圧が高くなり、どんどん私の眼球は膨張し、左右ちぐはぐな大きさに変化。「出目金みたい」と馬鹿にされたり笑われたり……。

身体的特徴という意味では、心臓手術の傷口というのもコンプレックスでした。体育の着替えでは、じろじろと傷口を見て、「ミミズ、ミミズ」と言いながら、傷口を触りにくる同級生もいました。ですから私は、その後も服を脱ぐことに抵抗が強く、温泉さえ大人になるまで好きになれずにいました。

音楽ならどうにかなるかも？

ほどなく、「目が見えなくても心臓が弱くても、音楽ならどうにかなるかも？」と、音楽の道へ進もうと決意。ヴァイオリンの猛練習を開始。楽譜は、拡大コピーをして読んでいました。

そして、音楽大学の付属中学に合格しました。けれども、視力低下のプレッシャーを強く感じていたため、もう一つ受験していた筑波大学附属盲学校中学部へ入学することを自ら希望しました。

視覚障害者として自立する意味でも、こちらを選ぶべきだろうと、直感で判断したのです。この選択は、今振り返ってみても本当に正解でしたね。

盲学校で、自分よりも視力の低いクラスメイトが明るく生活していたから、弱音など吐けないと思って頑張れたのです。ただ一つ心残りなのは音大の付属中学、受験した時点でさえ男子は私を含めても三人だけだったのですよ。

そういう意味では……、あっちを選んでいたなら、さぞや天国だっただろうなあと……。

それだけがちょっとねえ……。

崩壊した家庭

ところで私の母という人は、手先が器用で料理や裁縫なども上手にこなし、とてもきれい好きな人ではありましたが、その分、神経質で完璧主義な人でもありました。きっと彼女にとって、子どもが障害者だという事実は受け入れがたかったのでしょう。

眼科の定期検診で視力が少しでも下がると、母は猛烈に私を怒るのですよ。私だって好きで見えなくなっているわけでもなく、むしろ一番つらいのは私なのに、理不尽な話ですよね。かなり暴力的なこともされました。視力低下が許せないくらいだから、進学の際に盲学校を希望した時も、ものすごい大反対をされましたね。

中学2年生になると、いくら拡大コピーをしても、楽譜を見ながら演奏することが不可能となり、ヴァイオリンのレッスンでは大苦戦。

一方、中学1年生から入部した軽音楽部では、いわゆる耳コピで楽曲を覚えることが当たり前でした。キーボードやパーカッション、ドラム、ヴォーカルやピアノなど、様々な楽器を経験。

私は次第に楽譜重視のクラシック音楽を苦痛に感じて、ヴァイオリンのレッスンをサボることが増え、ほぼやめたに等しい状態となりました。

また家庭内では、家族喧嘩が絶えず、母は次第に家に帰って来なくなり両親は離婚。父子家庭となり、私も少しずつ家事を覚えていくこととなりました。

ヴァイオリンの魅力を実感、しかし……

中学3年生になると、高校受験の問題が浮上。学校の成績は視力の影響もあって、落ちるばかり、試験は時間内に問題を半分ほどしか読み終えられないような状態に……。

やはり受験は音楽しか無理だと感じ、ヴァイオリンを復活……。

主にクラシック音楽を学ぶ筑波大学附属盲学校高等部本科音楽科へ進みました。

高校でも視力の低下は続き、外出時の怪我が増えていき、白杖を持って歩くようになりました。文字や楽譜を読む速度も、さらに遅くなったため、点字の学習を開始しました。

ですが、すぐに読めるようになるわけもなく問題は改善せず。ヴァイオリンの授業も進みが遅く、講師とも対立。結局耳コピでできるベースやギターに没頭。しかし例の気づきがあり、この頃から作曲や編曲、即興演奏を手探りで開始。ヴァイオリンを、ようやく面白く感じ始めたのも、この時からです。

2回目となる心臓手術。0・02くらいの視力を残していた右眼を体育の授業中に負傷。味わったことないほどの、意識が遠のいて行くような痛みに襲われ摘出手術。右眼は義眼となり左眼の視力低下も加速。

さらに、バブル経済の崩壊や円高の影響を受け、父が経営する貿易会社の業績が悪化。質素に生活しなければと、常に心がける毎日でした。お金のかかる音大は諦め、2年追加の専門教育が受けられる、筑波大学附属盲学校高等部専攻科音楽科へ進学、卒業してプロの音楽家になるしか道はないと決意します。

やがて視力は、どうにか人影が認識できる程度にまで低下。眼球自体も弱くなり、強い痛みに苛まれる日が増えました。ちなみに、日々悪化し続ける痛みに耐えかねて、2001年に左目も摘出手術を受け、現在は両目とも義眼です。

私が経済的コンプレックスをもった経緯、そして過去は変えられる!!

プロになったものの……

私は、もはや金銭面で父には頼れないと悟りましたが、視覚障害があるため普通のアルバイトは雇ってもらえません。

幸い、1人だけ生徒ができました。その1人分の月謝で生活費を賄わなければなりません。通学時に利用していたバスは歩きに変え、散髪に行くお金もないので長髪に、弦を買うお金もないので同級生の使い古しの弦をもらって張るなど。わびしかったですけど、嘆く暇もなく音楽を猛勉強しましたね。

そして、専攻科を卒業。プロミュージシャンとして活動開始。

けれども全く仕事は取れず。小規模の仕事なんて言えないレベルの演奏が1ヶ月に2本あるかないか。生徒さんがほんの数人……。

これでは話にならないと思い職業安定所へ。でも、

「ここでは音楽の仕事は紹介できないので、あなたは職業訓練校にでも行きなさい」と言われました。

そこで社会人2年目は、就職活動に挑戦。9時から17時まで職業訓練校に通い、17時以降と土日に、細々とした売れない音楽家生活というハードな日々。ところがそんな中、その日はやってきたのです。

父が夜逃げ。生き地獄を味わう

6月のことでした。

その日も私は17時まで職業訓練を受けた後、生徒さんの自宅でヴァイオリンのレッスンをして帰宅。21時くらいだったでしょうか。玄関のベルが鳴ります。

「こんな時間に誰だろう」と不思議に思いつつドアを開けると、知らない男が2人います。

「お父様はいらっしゃいますか」と聞かれ、

「いえ、まだ帰宅しておりませんが……」と答えてドアを閉めました。しかし、しばらくすると、また玄関のベルが鳴って、別の男が父を訪ねて来るのです。そんなことが何回も繰り返され……。

そして、ついにある男が私にこう言います。

「お父様が帰られるまで、中で待たせてもらってもいいですか?」と……。

様子が変だと思いつつ、事情を知らない私は、その申し出を受け入れてしまった。すると、どうでしょう。男が家に上がり込んできたと同時に、次から次へと他の男たちも勝手に入ってくるではありませんか。

一瞬にして私は20人ほどの男たちに取り囲まれました。そこで初めて知らされたのです。父の会社が倒産したことを……。

そうです。父は私に何も告げないまま、一人だけ夜逃げをしたのです。

それからの数時間は、本当に生き地獄でした。

家に上がり込んでからの男たちは、途端に口調が変わり、さんざん罵声を浴びせられ、脅され、詰問され、悪夢であってほしいと、心の底から願いました。

よく映画やテレビドラマなどで、借金が払えず、怖い男たちに脅されているシーンがありますよね。まさにあの感じそのものでした。

けれども、男たちの中に一人だけ、私をかばってくれる情け深い人がいましてね。その人のおかげで、どうにかヴァイオリンだけは持って出ることができたのですよ。

それは本当に、不幸中の幸いでした。もしあの時、楽器をも失っていたら、さすがに無理だったかもしれませんね。

債権者に取り囲まれ、家を失ってからの2ヶ月月間は、色々な人に頭を下げ、大変に惨めな思いをしながら、あちこちを転々として暮らす日々でしたね。

何とか4畳半のアパートに落ち着きましたが、超貧困生活でした。着る物にも食べる物にも苦労し、体重は49kgまで減少し、がりがりにやせ細ってしまいました。職業訓練校にも、再び通い出したものの、結局就職は出来ずじまい……。

まさに本当に本当の崖っぷちに立たされたのです。もう、いよいよ意地でも音楽で、どうにか収入を得るよりほかに、生きていく手段がなくなってしまったのです。

過去は変えられる！

ここまでを読んだあなたは、「超悲惨な人生」と解釈したかもしれませんね。でも私は、今となっては本当に負け惜しみ抜きに、

「この人生でよかった」と、感謝しているのです。

この生い立ちが私に、強く生き抜く精神力や逆境を反転させる発想力、音楽家という仕事を成立させるための工夫や知恵、身体障害者としての自立、全てを授けてくれました。そして、ここから始まったのですよ。怒濤の勢いの逆転劇が……。

それもこれも、この生い立ちがあったからこそできたこと。私は心から思うのです。

「生まれ変わったとしても同じ人生を歩みたい」と……。

決して負け惜しみではなく、本心でそう言い切れるのです。

もちろん、前述の辛い日々の真っただ中にいた時は、プラスになんて考えることはできませんでした。

「生きるのを諦めたほうが楽なのかもしれない」

そんな考えがちらついたことさえ何度かありました。しかし今となっては、これらの過去

の経験は私にとって、大変尊い存在なのです。現在の幸せな毎日を与えてくれた、実に素敵な思い出なのです。

だからこそ、もしあなたが、逆境の真っただ中にいるとしても、コンプレックスにもがき苦しんでいるとしても、どうか信じてくださいね。

過去は変えられるのです。過去に起きた事実そのものを変えることができなくても、その存在価値は、マイナスからプラスへと、大幅に変えることができる、反転させることが可能なのです。

この本を読んで、ぜひそのきっかけを手にしていただけたら、すごく嬉しいのです。私は切にそれを望んでいます。

昔の私と同じように、

「生きるのを諦めたほうが……」なんて悩み苦しんでいる人がいたとしたなら、私は声を大にして伝えたい。

「明日とは言わなくても、1週間後、1ヶ月後、少なくとも1年後は、もっと言えば5年後は絶対に、今と同じ辛さのままでは決してないはずですよ」と……。

だって過去は変えられるのですから。マイナスをプラスにね!!

第2章

ウサギとカメの競走にイモムシが勝つ7つの方法!!

「ウサギとカメの競走にイモムシが勝つ方法」は、どのように生まれたのか!!

この章まで読み進めたあなたは、きっとこの見出しに興味をもたれたことでしょう。

「ウサギとカメの競走にイモムシが勝つ方法」なんだか変わった切り口だなあって思いますよね。メルヘンと、青春ドラマと、ビジネス書を足して、7で割ったようなこのタイトル、自分でも気に入っています。

この演題で講演をするようになったのは2016年ごろからです。では、なぜこんな不思議な切り口で話そうと思ったのか、その経緯をご説明しましょう。

人に訴えるには物語が必要

私は2001年ごろから少しずつ、演奏とともに自分の過去の経験を伝える機会が増えていきました。最初は、中学・高校を中心に教育現場で、生徒たちに逆境を反転させる考え方を話していました。

やがて「保護者向けにも」「教員向けにも」と、講演という形でご依頼をいただくように

なりました。演題は、

「過去は変えられる、マイナスをプラスに」が定番。そして企業の社員研修や、経営者向けの講演としてもお呼びがかかるようになりました。

２０１４年に講演の内容をまとめた著書を出版。その後、「第１２９回・全国経営者セミナー」という、大変恐れ多いような場所でも講演をさせていただくまでになりました。

けれども私は、だんだん自分自身の話している内容に疑問が出てきたのです。特に学生たちには、もしかしたら、

「自分の過去を偉そうに話す人」と誤解されていないだろうか。もしかしたら、

「僕とは境遇の違う人の話だし」と、最初から拒絶されていないだろうかと……。

もちろん私は、実際に偉くもありませんし、コンプレックスの固まりのような人生でしたから、過去の栄光など語ろうと思っても語れません。

また自分の過去の経験を題材にお伝えしているものの、どんな境遇の人にでも応用できる考え方を話しているつもりです。

しかし、私の年齢や立場、さらに行なう講演の規模などが、上がれば上がるほど、中学生や高校生、大きなコンプレックスに悩み苦しんでいる方々にとっては、まるで他人事のように聞こえてしまうのではなかろうか。

そうだとすれば、それは私が最も恐れるべき、悲しむべき方向に進んでしまっていると懸念したのです。

やはり私が私のみを語っていたのでは駄目だ、どんな年齢でも、どんな境遇でも、どんな状況でも、私の講演をお聴きくださる全ての方が、それぞれに自分と重ね合せ想像し、応用できる内容にしなければ駄目だ。

そのためには……、物語だ。物語の力を借りるしかない。そんな結論に達したのです。

私はイモムシ

私は以前から講演の際に、例え話としてウサギとカメの競走をもち出すことが度々ありました。

「私は天才でもなければ努力家でもなかった」との意味合いで、自分を、

「カメにすらなりきれていなかった」と表現していたのです。

「じゃあ、私のような立場を例えるなら?」

そう考えた時に出てきた生き物が「イモムシ」だったわけです。

天才タイプのウサギに、努力家タイプのカメは地道に頑張って何とか追いつく……。

だけど、いくら頑張ったって追いつけるわけもないイモムシは、一体どのように行動する

べきなのか。

これまでの人生経験の中から、私が提供できる最強のノウハウは、この物語をゲーム感覚で作り、考え、行動に移すことで、誰にでも簡単に、真似していただけるはずです。

さあさあイモムシさんたちよ。キャベツばっかり食べてる場合じゃあないぞ!!（でもちゃんと野菜も食べようね）

あなたも「ウサギとカメの競走にイモムシが勝つ方法」を考えてみてください

答は自分のなか

この章を読み進めて、

「よし、いよいよ本題だ！」と思ったあなたは、

「ここまで来たのに方法を考えてみてくださいとは何事だ」と、お怒りかもしれません。

でも、これもちゃんと理由があってのことなのです。どうかどうか、ご理解ください。

私は普段の講演においても、この「ウサギとカメの競走にイモムシが勝つ方法」をお伝えする際は、時間や会場といった条件さえそろえば、必ずグループ分けをして、各グループごとに「どうすればイモムシが勝てるか」を、話し合ってもらうのです。

そして後ほど、いくつ方法を見つけられたかを、全体で発表し合います。もちろん、正解・不正解はありません。なかには、まるで予想外の方法を発表してくるグループもあるのですよ。それがまた面白い!!

ですから、あなたも挑戦してみてください。この先を読み進める前に、その方法を思いつくだけ書き出してみていただきたいのです。

当然のことながら、人から聞いた答えよりも、自分で考えついた答の方が、より強くノウハウ化できると思います。

それ故に、たとえ後で私が紹介する方法と同じことを思いついてしまったとしても、決して無駄なことではないのです。

むしろ、より強固にあなたの記憶に刻み込まれるはずです。

頑張るだけではダメ

既に、第1章をお読みくださった方なら、かなり頭の中が穴澤化しているでしょうから、「一つも方法が思いつかない」なんてことはないかと……。

逆に、7つ以上の方法を思いつく方も、もしかしたらいらっしゃるかもしれませんね。

さあ、いかがでしょう?

ウサギとカメの競走に、イモムシが勝てるとしたら、一体どんなレースをすればよいでしょう。ただ単に、「一所懸命頑張る」というだけでは全く勝負になりませんですよ。

そして普通に考えていては駄目です。もし、

「何一つ思い浮かびません」ということでしたら、この先の私が提案する7つの方法の最初の一つだけを読むか、第1章をもう一度読み返してみてくださいね。

ヒントがたくさん隠されていますので……。

それでは、ひとまずここで本を閉じて、ゆっくり方法を考えて書き出してみてから続きを読んでくださいね。また後ほど、お会いしましょう!!

方法その1　ウサギとカメが進まなかったコースを行く

ウサギとカメの競走において、どれほど厳密にコース設定が行なわれたのかはわかりません。ですが、おそらくウサギとカメは、同じ道のりを進み、競走することでしょう。

それは当然ですよね。でもイモムシは、同じコースを同じように進んでいては追いつけるわけもありません。

そこでイモムシは、ウサギやカメが選ばないような、まるで道とは思えないような、ショートカットできるコースを見つけて進むことにしたのです（めでたしめでたし）。

人生は地図無き旅

マラソンなどのロードレースで、途中に近道を見つけてショートカットしたなら、それは反則になってしまいますよね。しかし、人生において近道や抜け道を見つけて進むことは、決して反則ではなく良策であるといえるでしょう。

ただし問題は、その道が果たして本当に近道や抜け道になっているのか、明確な保証が何もないということです。

人生は地図無き旅ですから、確かめる術などありません。けれども逆をいえば、みんなが進んでいる道だって、一番の近道とは限らない、確証は全くないはずです。

どちらへ進むべきなのか、その選択については、もう直感を信じるしかありませんが、みんなと同じ道を選んだところで、結局勝負にならないと悟ったなら、思い切ってショートカットを狙っても、決して損はないですよ。

そして、これは私の経験から断言できることですが、やみくもに色々な人に相談してみたり、あれこれと頭で計算し悩むより、案外自分の直感を信じて選択したほうが、「吉」と出る場合が多いです。

目標は同じでも道はそれぞれ

さあ、それでは今回の方法を人生に応用するとしたなら、どんな使い方が考えられるでしょうか。ゴールは同じ、コースは別……。

「これ既に聞いた話かも」と感じたあなたは、とても柔軟な応用力の持ち主です。

そうです、これはまさに、第1章で紹介した私のエピソードそのもの。

「プロのヴァイオリニストになる」というゴールは同じ、しかしヴァイオリニストを目指すほかの人たちとは、まるで別のコースを進む、あの高校2年の私の決断がこれに当てはまります。

桶狭間の戦いに似たり

ヴァイオリンを学ぶ人たちが必ず先生から教わるような楽曲を次々と勉強し、親に高価な楽器を買ってもらい、親に高い月謝を払ってもらって名のある先生のレッスンに通い、音大へと進む。

視力の低下と父の経営する会社の業績悪化で、そういう定番のコースを歩むことが難しいと判断した私は、極力お金をかけずに作編曲や即興演奏の知識を蓄えて、自分が弾く楽曲は自分で作曲する、あるいは編曲する、もしくは即興で描く。

代わりのコースを手探りで見つけ出しつつ進みました。

もし音大へ進学していたならば出会ったであろう教授たち、先輩たち、同級生たちの代わりに、いくつかのセミプロレベルの社会人バンドに、どうにか入れてもらう形で音楽を肌で感じて吸収し、少しずつ仲間を増やして行くという代替案を思いついたのです。

実に風変わりなコースを選択してきた私ですけど、今なら断言できます。私は確実に抜け道を選ぶことに成功したのだと……。

歴史の好きな方でしたら、１５６０年の織田信長と今川義元との戦、いわゆる「桶狭間の戦い」に例えると、非常にわかりやすいかもしれません。

あまりにも多勢に無勢、圧倒的に兵の少ない織田の軍勢は、まともに戦っても勝機はないと判断しました。そこで、今川義元の首だけを狙い、風雨の中、低地で休んでいた今川の本陣を奇襲したといわれている、テレビ時代劇でもお馴染みの合戦です。

本当のところは単なる偶然なのかもしれませんし、かなり脚色されたストーリーで、事実とは異なる可能性も大きいですけど、これは鮮やかすぎる、この方法の事例といえるでしょうね。

方法その2　ウサギやカメとは違う手段で進む

ウサギとカメの競走において、どこまで進み方のルールが決められていたかはわかりません。ですが、おそらくウサギもカメも、自分の足を使って競走したに違いありません。

まあ当然ですよね。でもイモムシは、同じコースを同じように進んでいては追いつけるわけもありません。

そこでイモムシは、自動車や電車、ヘリコプターなどを使って、ウサギやカメとは別の手段で進むことにしたのです（めでたしめでたし）。

自分の直感を信じる

競歩で自転車を使うことも、競泳でボートを使うことも、競輪でオートバイを使うことも、どれも違反になってしまいますよね。

しかし、人生において手段を変えて進むことは、決して違反ではなく模範とされる場合さえあります。

ただし問題は、新たな術を身につけるための時間が必要なことと、未知なる手段に潔く切り替えるための勇気も必要なこと、失敗に終わる危険性だってあるでしょう。

けれども、みんなと違う手段を選択することで、大幅なリードを奪える可能性も秘めています。

その選択は賭けに出るしかないわけですが、これも「方法その1」と同様です。みんなと同じ手段を選んだところで勝負にならないと気づいたなら、思い切って自分の直感を信じて、賭けてみるのも悪くないでしょう。

さあ、それでは今回の方法を人生に応用するとしたなら、どんな使い方が考えられるでしょうか。まだ私が社会人にもなっていない頃、当時の先輩から聞いたエピソードをご紹介しましょう。

プライドを捨てれば別な方法が

音楽界にシンセサイザーが君臨し始めた時代の話です。

ある日、プロ活動中のドラマーが集められ、開発されたばかりのシンセドラムの製品発表が行なわれたそうです。そのクオリティの高さに、一同は衝撃を受けました。

「こんなのが普及してしまったら私たちは失業してしまう」

全員が同じ危機を感じました。ところが……。

突きつけられた壁は全く変わらないのに、彼らが打ち出した方針は完全に二分したそうです。

「失業してしまうからドラムの腕をもっと磨こう」と決意した人たちと、

「失業してしまうからシンセドラムを学ぼう」と切り替えた人たち。

その結果はといえば……。

どちらを選んだ人も、それぞれの分野で見事に活躍されているそうです。

これを聞いたあなたは、もしかしたら、

「なんだ結局ゴールは一緒だったんじゃないか」と、がっかりしているかもしれませんね。

でも、考えてみてください。

「ドラムの腕をもっと磨こう」と決意できた人たちに対して、

「シンセドラムを学ぼう」と切り替えた人たちは、実力や自信といった部分で、コンプレックスを感じていたに違いありません。

それは容易に想像がつきますよね。つまり、もし演奏の手段をシンセドラムに切り替えた人たちが、いつまでもドラムの腕磨きにこだわってしまっていたとしたなら……。

ほぼ確実に失業していたと思うのです。手段の切り替えは、全く恥じるようなことではないと考えます。

それどころか時代を先読みすること、つまらぬプライドを捨てること、柔軟に対応することを心得ている、素晴らしい成功者だといえるでしょう。

潔く手段を切り替える……、できそうで意外とできない、偉大な選択ですよね!!

方法その3　ウサギとカメが目指している地点とは異なるゴールを見つける

ウサギとカメの競走において、どんな風にゴール地点が設定されていたのかはわかりません。ですが、おそらくウサギもカメも、同じ地点を目指して競走したことでしょう。

いうまでもなく当然ですよね。しかしイモムシは、同じゴールへ同じように目指していても勝てるわけがありません。そこでイモムシは、独自のゴール地点を見つけ出し、ウサギやカメとは異なる方角へ進むことにしたのです（めでたしめでたし）。

自分だけのゴール設定

陸上競技において、決められたゴールとは別の地点に向けて進んだとしたら、それは失格になってしまいますよね。

しかし、人生において異なるゴール地点を見つけ出すことは、決して失格ではなく合格とされるケースが多々あるのです。

例えばウサギとカメの競走で、

「菜の花畑まで競走」と言われたなら、彼らとは別の菜の花畑を見つけ出してゴールイン。

「吊り橋まで競走」と言われたなら、一番近い川辺まで行って向こう岸にロープを投げ、吊り橋ができたのでゴール。

そんな滅茶苦茶な主張も、人生におけるレース展開ならば、必ず認められます。ただし問題は、かなりの孤独に耐えられる人でなければ成し遂げられない方法であること。

「ウサギとカメが進まなかったコースを行く」という「方法その1」も、孤独な旅ではありますが、ゴール地点はみんなと一緒。

でもこれは、道も異なり到着地も異なるという、究極に孤独な旅なのです。もう信じるものは自分だけ。その代わり、自分だけのゴール地点を見つけ出せたなら無敵です。

仮にみんなのほうが早くゴールインしてしまったとしても、あなたが見つけ出した地点には、誰も到着しないのですから、あなたが1位でゴールすることは確実です。

さあ、それでは今回の方法を人生に応用するとしたなら、どんな使い方が考えられるでしょうか。必ずしも完全に合致する事例といえないかもしれませんが、初期の私のプロフィールの作り方は、かなりこの方法に近かったように思いますので、ご紹介いたしましょう。第1章の最後のほうで、生い立ちを書きましたが、続きに相当するエピソードでもあります。

崖っぷちからの営業

実家という住処を失い、職業訓練校に通っても就職できず、私の社会人3年目は、本当に本当の崖っぷちに立たされました。

もう、意地でも音楽でどうにか稼ぐしか、生きていく手段はないのだと覚悟しました。

即座に思いついたのは、突撃電話営業。

まだまだインターネットが普及していない時代でしたから、目が見える友人に頼み、電話帳から音楽に関係がありそうな会社や店舗の電話番号を探し出して、片っ端から読んでもらいました。

音楽事務所、ライブハウス、イベント会社、結婚式場など……。

それらへ次から次に、ひたすら電話をかけて行きました。

「演奏の仕事を探しているヴァイオリニストなのですが……」と。

大平は、即座に切られました。まあ、当然だと思います。ですが、「じゃあ楽器を持って一度いらっしゃい」と、そう言ってくれるところも数軒ありました。

大いに期待しつつ早速伺いますと、

「何か弾いてみて」と言われます。

「よし来たぞ！」と、気合を入れて弾くと、ほぼ全ての会社や店舗で、良い反応をいただくことができたのです。しかし……。

「穴澤君、なかなかいいのだけど……、もう少し君に仕事経験があったなら、お願いしたいのだけどねえ」

どこへ行っても似たようなことを言われて断られるのです。

無報酬なら！

私が信頼を得られない理由、それは主に職歴と学歴の乏しさからでした。

仕事させてもらえないのだから職歴は積めないし、お金も時間もないから学歴も積めないし……。

じゃあ、一体どうすればいいのでしょうか。

私は悩みに悩みました。そして、ついにひらめいたのです。

次の瞬間、私は再び電話帳を読んでもらうことに。でも今度は、高齢者施設、福祉施設、病院などに電話をしたのです。

「すみません、実は私、一応プロでヴァイオリニストをしている者ですが、まだ年齢が若いこともございまして、仕事が少ないのです。ですから、ボランティアでもかまいませんので、よろしければ演奏させていただけませんか？」

といった、打診の電話を入れることにしたのです。すると、

「そんなプロの方に本当にボランティアでお願いしてよいのですか？」と、たくさんの施設が喜んで演奏を依頼してくれたのです。

また、コンテストやコンクール、オーディションなどは、無料や安価で受けられるものも多数ありました。私は音楽を専門に勉強している人が見向きもしないような、小さなコンテストも含めて、可能な限りチャレンジし続けました。

「お金がなくてもこれならできる」と、奮闘しました。

そして、演奏経験と受賞経験をそれなりに積み重ねられた私は、再び演奏の仕事を求めて、音楽事務所、ライブハウス、イベント会社、結婚式場などへ……。

もはや私のプロフィールは、文字で埋め尽くされていました。この作戦が功を奏して、少

しずつ信頼を得られ、演奏の仕事をもらえるようになって行きました。

そうです。私は、職歴や学歴というゴール地点の代わりに、演奏歴や受賞歴というゴール地点を見つけて、もっと言い方を換えれば巧みにすり替えて、プロフィールをにぎわせることに成功したのです。

まあ、ちょっと他のヴァイオリニストとは異色のプロフィールになったかもしれないですけどね。

このように、明らかに通常のゴール地点を目指していては、勝負にならない、たどり着けないと判断した時は、代わりのゴール地点をいち早く探し出すという解決策も、ぜひ備えておいてください!!

方法その４　ウサギとカメよりも早くスタートしておく

ウサギとカメの競走において、どれくらい詳細にスタート時間が決められていたのかはわかりません。

ですが、おそらくウサギとカメは、同時に同じ場所からスタートすることでしょう。

もちろん当然ですよね。

でもイモムシは、ウサギやカメと同じ時間に出発していては、確実に最初から後れを取ってしまう。

そこでイモムシは、彼らが集まり出すよりも早く、スタートしておくことにしたのです（めでたしめでたし）。

アーリースタート

トラック競技でもロードレースでも、みんなよりも早くスタートしてしまったなら、それはフライングとされてしまいますよね。

しかし、人生において出発を早めることは、決してフライングではなくタイミングとして評価される場合さえあります。

ただし問題は、先々の見通しが立たないうちに動き出せるかどうか、強い意志と高いモチベーションが必要とされること。

けれども、思い切って出発できたなら、誰も動き出そうとしていない時に、あなただけのリードが得られるはずです。

みんなよりも明らかにスピードで劣っていると自覚しているのなら、これは心得ておくべき、絶対おすすめの方法です。

これが本当のブラインドタッチ

さあ、それでは今回の方法を人生に応用するとしたなら、どんな使い方が考えられるでしょうか。

「明らかにスピードで劣っていると自覚している」

これは紛れもなく、私自身のことなのです。

突然ですが、あなたに質問です。

こうして私は今、本を書いているわけですけど、全盲の私が、どうやって文章を書いていると思いますか？　多くの方が、ライターさんに書いてもらっていると想像するみたいですけどねえ……。

いえいえ、そんなことはございません。正真正銘、ちゃんと自分の手で文章を書いているのですよ。

音声合成ソフトをインストールしたパソコンで、まさにこれが本当のブラインドタッチでキー入力、漢字変換はソフトの説明音声を聞きながら字を選び、確定させて行きます。

音声を聞いて作業する分、いくら素早く打ち込んだとしても、どうしたって健常者より時間がかかってしまうのです。

原稿の見直しも厄介でして、パソコンの音声を聞いてチェックするしかありませんから、斜め読みや読み飛ばしは不可能に近く、かなり時間のかかる作業になります。

つまり、執筆においても完全にスピード弱者だと言えるでしょう。

そんな私が、初の本を出版した時のエピソードをご紹介したいと思います。

ともかく始めよう

何年もの間、本を出したいと願っていた私は、出版や編集関係の方々にお会いする度に、その実現を打診していました。しかし悪くない反応をいただけても、話が前に進みかけても、出版に繋がることは決してありませんでした。もはや、20人以上の方にお願いしていたでしょう。

ある日、私は思いました。

「出版の当ては全くないけれど、もう勝手に原稿を書き始めよう」と……。

仮に出版に繋がらなかったとしても、講演の際の話の整理にもなるわけですし、無駄にはならないだろうと考えたのです。

以後、私は余裕のある時に、少しずつ少しずつ、講演で話す内容を文章にする作業を重ねました。

数ヶ月後、私は編集の仕事をなさっているという方にお会いする機会をいただきました。その際に、今までのように出版の意向を語るだけではなく、こんなお願いをしたのです。

「実は勝手に本を書き始めておりまして、よかったら書きかけですけど、原稿を読んでみてもらえませんか」と。すると、

「それはぜひ読んでみたいです」と、快く了承してくださいました。そして、どうでしょう。あんなに進まなかった出版の話が、即座に決まったのです。

人は誰でも骨折り損になりたくないが故に、十分に準備が整ったり、しっかり話が決定してから動きたがりますよね。

でも、本当は事前に進めておけることもたくさんありますし、決まってから動き出すのでは、間に合わなくなる場合だってあるのではないでしょうか。

例えば、飲食店を開きたいと願う人がいたとしましょうか。

「資金が集まったら」「良い物件が出たら」「良い協力者が現れたら」と、そんな風に色々と条件を並べたがるでしょう。

しかし、条件が整わなくても、具体的な話が進んでなくても、スタートできることなんて山ほどあると思うのです。

メニューとか内装とか、店内のＢＧＭとか、どんどん想像を膨らませて、計画を固めて行

く、書類にまとめてみる。

少しずつでもいいから、そうやって可能な部分だけでもスタートさせておくことで、あなたのゴールは着実に呼び寄せられます。私の最初の出版の時と同じように!!

方法その5　ウサギとカメよりも遠くへ進む

ウサギとカメの競走において、どこまで勝敗の審査基準が決められていたかはわかりません。ですが、ウサギもカメも、早くゴール地点にたどり着いたほうが勝ちだと信じて競走していたに違いありません。

普通に考えれば当然ですよね。でもイモムシは、同じ基準で競っていても勝ち目がないと判断しました。そこでイモムシは、早さの勝負ではなく、距離の勝負にすり替え、ウサギとカメよりも遠くまで進むことに専念したのです（めでたしめでたし）。

競う角度を変える

あらゆる競技において、いくらプラスアルファの何かを行なったとしても、勝敗の審査対象外の部分だったなら、その行為は無効になってしまいますよね。

ゴールインしたウサギとカメが、レースは終わったと思って一休みしていたら、はるか後方からイモムシがやって来て、彼らのゴール地点よりも遠くまで進み、

「これは早さの勝負ではなく距離の勝負なのだ!」と勝利宣言を行なう。

そんな訴えは、もちろん無効でしょう。

けれども、人生において競う角度を変えて進むことは決して無効ではなく、有効な逆転方法として認められる場合があります。

ただし問題は、社会に受け入れられるような角度の変化でなければ認められないことと、プラスアルファを投じたつもりが逆に蛇足になってしまっては何にも意味がないので、その判断が大変難しいことですね。

さあ、それでは今回の方法を人生に応用するとしたなら、どんな使い方が考えられるでしょうか。これは今回の方法をわかりやすく説明する目的で、私が作り上げたフィクションにすぎませんが、こんなストーリーを想像してみました。

逆転の発想

ある日のこと、美味しいカレーライスの腕を競うコンテストが開かれました。全国各地からカレー名人が集まり、各々のスパイスの調合が始まりました。

その名人たちの中で、最も劣等感を抱いていたコックAさんは、とりあえずカレーを完成させました。けれども周囲を見回してみても、自分の作ったカレーライスに勝ち目がないことは明らかです。

そこでAさんは、完成したはずのカレーライスの上に、自分のお昼ご飯として持って来たお弁当の「とんかつ」を乗せてみた。

そうです、こうして「カツカレー」が誕生したのです。Aさんは、コンテストで見事に優勝しました。集まった名人たちは、

「それは純粋なカレー作りの腕とは違うだろう」と、納得できない表情でしたが、その美味しさは認めざるを得ないものでした。

重ねて申し上げますが、あくまでもこれはフィクションですからね。

これと同様の展開で、「いちご大福」とか、「クリームソーダ」なども語れますよね。

このようなコックAさんの発想は、逆転をもたらす一つの方法として、常に頭に備えておくべき考え方ではないでしょうか。

一般的に完成したと判断する段階が、必ずしも完成とは限らない。

「どこかにプラスアルファできる部分はないだろうか」と悩むことは、仕事のクオリティをあげる上でも大切ですよね。

人とは違う尺度で物事を測定する癖をつけることで、常識にとらわれない柔軟性も得られるでしょう。アクシデントの対応能力も上がり、人生の選択肢さえ増えることでしょう。
私も作曲や編曲を行なう際には、特にこの考え方を意識しています。

方法その6　ウサギとカメが老いてから勝負に挑む

ウサギとカメの競走において、どんな話し合いで開催時期が設定されたのかはわかりません。ですが、おそらくウサギとカメは、「競走しよう」と約束して、それほど日が経たないうちに勝負することでしょう。シンプルに推察すれば当然ですよね。でもイモムシは、現時点で開催されては勝ち目がありません。そこでイモムシはチョウになるまで時を稼いで、ウサギとカメが老いてから挑むことにしたのです（めでたしめでたし）。

あきらめなければ、きっと

いかなる約束も、あまりに時間が経過してしまったなら、取り消されてしまいますよね。しかし、人生における自分自身への約束は、自分の手で取り消さない限り、決して取り消されることなく、いつでも執り行なうことができるでしょう。

ただし問題は、未来の幸せを信じて、根気強く努力を重ね続ける忍耐力が必要とされること。そのチャンスが何年後、何十年後に訪れるのか、明確な保証なんてありませんからね。

けれども私は知っています。

コンプレックスが強ければ強いほど、忍耐力も頑丈に鍛えられていることを。だから現時点で、みんなと勝負にならないと痛感したなら、心の中で唱えてください。

「みんなおめでとう！　でも20年後は私が誰よりも祝福されます!!」と……。

さあ、それでは今回の方法を人生に応用するとしたなら、どんな使い方が考えられるでしょうか。まあ……、これは事例をご紹介するまでもない、極めてわかりやすい方法ではありますが、私の経験を少し書いておきましょう。

ところが、ある日……

生まれつき心臓にも障害があった私は、かなり強い運動制限がありましたので、いわゆる体育の授業でも、見学になることが多かったのです。

小学校の頃は、水泳が禁止でした。中学校に上がると、「泳いでもいい」と言われたものの、急にプールに入れられたって泳げるわけもなく、私は40歳になるまで全くのカナヅチでしたね。走るという行為も、50ｍ走までしか許してもらえませんでしたから、これも経験はゼロに等しいのです。

ですから、スポーツ全般に対する強い劣等感を、ずっと抱いてきました。ところが……。

２０１６年１月、私は友人の誘いからマラソンにチャレンジすることを決意して、ほんの少しずつ、ほんの少しずつ、練習量を増やし、なんと２０１８年６月、ついにフルマラソンの完走に成功したのです。

もちろんマラソン愛好家の方々に自慢できるようなタイムではありませんが、それでも50ｍまでしか走れなかった私が、42・１９５㎞を完走できたのですから。単純計算で考えますと、およそ８４４倍の距離を、43歳にして走れるように変化したのです。

このエピソードについては、第３章でより詳しく紹介しますが、ここで私が申し上げておきたいことが２つあります。それは、

焦らず粘り強く、その時が来るのを信じて待つこと、

チャレンジに手遅れや時間切れは存在しないということ、

なのです。おそらく、小学校時代、中学校時代の私を知っている友人たちは、

「穴澤雄介がフルマラソンを完走した」なんて聞いたら、冗談か記憶違いだと思うでしょうね。では、あの当時に運動が得意だったクラスメイトのA君やBさんは、一体今どうしているでしょうか。果たしてフルマラソンを完走できるのでしょうか。きっと、できない可能性

のほうが高いのではないでしょうか。

私は特に、このメッセージを子どもたちに伝えたいです。かつての私と同じようなコンプレックスだらけの、自信のない子どもたちに、です。

ついでに昔の穴澤雄介にも言ってやりたい。

「いつだって信じ続けるんだ、絶対に忘れるな、ヒーローになれるタイミングは、みんなそれぞれ違うんだ！」と……。

方法その7　ニンジンの中に潜り込んでウサギに連れて行ってもらう？

ウサギとカメの競走において、給水所や給食所が途中に設けられていたのかはわかりません。

ですが、おそらくウサギもカメも競走中、エネルギー補給できるチャンスがあったなら、必ず飛びついたことでしょう。

動物ですし、運動もしていますし、当然ですよね。そこでイモムシは、ウサギが喜ぶであろうニンジンの中心に予《あらかじ》め潜り込んでおき、ニンジンと一緒にゴールまで、ウサギに食べながら運んでもらう作戦に出たのです（めでたしめでたし）。

とっておき！　ウィンウィンな方法

いよいよ最後、７つ目の方法になりますね。

「この方法だけ異色だなあ……」

そう感じている方もおいででしょう。

実は、この方法だけは私が思いついたものではないのですよ。

ある大学での講演にてグループ分けを行ない、

「どうすればイモムシが勝てるか」について話し合ってもらったなかで発表された、学生発案のユニークな方法の一つなのです。

もちろん、私が推奨する６つ以外の方法を発表する人は、それまでも何名かいらっしゃいました。しかしながら、この方法は、私にとって「面白い！」と感じさせてくれる度合が、極めて高かったのです。

それでは、どんな部分が私の心を打ったのか、ご説明いたしましょう。

まず、私が推奨する６つの方法と明らかに違うのは、ライバルであるウサギやカメの力を利用する点です。それまでにも、

「ウサギやカメの背中に乗る」という発表ならば、何回か聞いたことがありました。けれども、この方法のさらに興味深い点は、相手を利用するだけではなく相手に利用してもらえる存在になろうと努力している点です。

つまり、ウサギにとってはエネルギー源であるニンジンを提供してもらえる、イモムシにとってはゴールまで運んでもらえる、それぞれにとってメリットがあるわけです。

ただ単に、ウサギやカメの背中に乗る、相手の力を利用するだけ利用するというやり方は、できたとしても、大きな反感を買うことになるでしょうし、美しいやり方、賢い方法とは言えませんね。

イモムシにとっても、あまり気分が良くないのではと推察できます。

一方、ニンジンの中に潜り込んでウサギの前に現れる方法は、まずニンジンを入手しなければならないですし、もしかしたらニンジンと一緒にウサギにかじられてしまうかもしれないわけで、多少のリスクをイモムシは背負うことになります。

でも、だからこそ、私は推薦したい方法なのです。相手の力を利用するだけ利用する前者の方法は、たとえ好成績でゴールインできたとしても恨まれる、それに比べ後者の方法は、レース後のウサギとの関係性までも良好にしてくれるのです。

さあ、それでは今回の方法を人生に応用するとしたなら、どんな使い方が考えられるでしょうか。東京都や千葉県を中心に飲食店経営をなさっている有限会社倶楽部二十九の代表取締役、酒井敏さんのエピソードをご紹介いたしましょう。

倶楽部二十九の酒井社長の場合

酒井社長の経営者としての第一歩は1988年、29歳の時でした。

脱サラをして、あるファーストフードのフランチャイズに加盟し、オーナー店長としてのスタートを切りました。

夢と希望に満ちあふれ、オープン時の店内は、あらゆる物が光り輝いて見えたと言います。

しかし、待ち受けていたものは、想像以上に過酷な日々でした。

一日の労働時間は15時間以上、休みは年間2〜3日、返済し残った金額は15〜20万円……。

それが当時の酒井社長の月給だったそうです。10年もそんな状態で必死に働き、やっと返済が終わってみれば、今度は世間の不景気にもさらされ、なかなか長いトンネルを抜け出せずにいました。

そんな酒井社長に転機が訪れます。ある日お店に、たまたま牛角創業者である西山知義さんがやって来て、

「焼肉チェーンを始めるのだけど、酒井君みたいな人にぜひやってもらいたいんだ」と、言

われたそうです。

当時「牛角」なんて、海のものとも山のものともわからぬ焼肉屋で、誰も加盟しようと思わなかったようです。

けれども酒井社長は、天からの贈り物と直感が働き、大きなリスクも承知の上で、千葉県浦安の地に「牛角浦安店」をオープンさせることを決意……。

なんとそれが、あの大手焼肉チェーンである牛角の、記念すべきフランチャイズ1号店なのです。その出店からわずか15～16年で牛角は国内店舗数600店以上、その他アメリカや東南アジアにも進出するような一大チェーンへと発展。それに伴い、酒井社長の倶楽部二十九も、見事な発展を成し遂げたのです。

酒井社長をイモムシ役に当てはめてしまうことは、実に失礼で大変恐れ多いのですが、このエピソード、まさに今回の方法に合致するのではないでしょうか。

ウサギ役に相当する西山社長を信じて、牛角というニンジン（先に経営を始めたファストフード店がニンジンだったという解釈もできますが）に飛び込んだ、酒井社長の思い切った決断、大いに参考にしたいですね。

有限会社倶楽部二十九は、その後、オリジナルブランドの居酒屋「大金星」を立ち上げ、こちらも大成功されています。毎年盛大に、やめて行くアルバイトの方々のための卒業式を、社員一丸となって企画・開催している、とても従業員を大切にする会社としても知られています。その卒業式では、毎回私も演奏させていただいているのですが、多くの方が涙する、本当に感動的な愛にあふれた会が行なわれています!!

屁理屈とナイスアイディアの違いとは?

やる気十分、行動半分ではねぇ……

さて、ご紹介しました「ウサギとカメの競走にイモムシが勝つ7つの方法」、いかがでしたか。あなたの人生に即応用、ぜひ活用してもらえたらと願います。

この章の冒頭でも申し上げましたが、ここで紹介した以外のあなた独自の方法が当然存在して良いと思いますし、私もこの先、8つ目、9つ目の方法に巡り合うかもしれません。その際は、また情報交換しましょうね。

さあ、この章の最後に、必ず覚えておいていただきたいことがあります。

もう既にお気づきかと存じますが、実は「競走に勝つ方法」などと言いつつ、これら7つの方法は、全て競走をちゃっかり避ける方法なのです。

まあ、いわゆる頭の柔軟な子どもが得意とする、「屁理屈」に似ている発想ですね。私も

幼い頃は、

「屁理屈ばっかり言って！」と、ずいぶん両親からも怒られた記憶があります。

もしあなたが、世間のレースには追いつけないと感じた時や、他人との比較に疲れ切ってしまった時には、幼い頃を思い出して、柔軟な頭で、屁理屈を考えるつもりで対処してみてください。

競走に巻き込まれないでも済む、自分だけの歩み方が、きっと見つかるでしょう。

ですけど、理屈っぽい大人や、口ばっかりで全然動こうとしない大人は、周りから嫌われてしまいますよね。

そうです！

良い方法が見つかったなら、即座にそれを応用して、1秒でも早く行動に移してください。

これが一番大事な点なのです。

実は私、口では熱いことを語るくせに、なかなか動こうとしない人のことを、

「やる気十分、行動半分の人」と、密かに心の中で呼んでいます。

でもあなたは絶対に、その仲間に入らないでください。私が、7つの方法それぞれの後に、

「それでは今回の方法を人生に応用するとしたなら……」という、使い方についての具体的なエピソードを書き加えた理由は、なるべく速やかに、行動へ移してほしいからです。

私が「早い」と言われるわけ

7つの方法全てを頭に叩き込むより、たった1つでも2つでもいい、ご自身の感覚に合ってそうなものだけで十分ですので、可能な限り素早い応用と反映を期待します。

方法論を考えたり、語ったり、教えてもらったりすることは、大事なのですけど、それだけでは単なる屁理屈の得意な、口ばっかりの人間で終わってしまいます。

その方法を応用して行動に移せた時、初めて「ナイスアイディア！」と、周囲も評価してくれるのですよ。これが屁理屈とナイスアイディアの、非常に大きな違いだといえるでしょう。

そして、もしもあなたが私と同じく、自分自身を「スピード弱者」だと感じているとしたら、鍛えるべきスピードは、まさしくこの部分ですよ。

私は全盲という現状、ほぼあらゆる行為でスピード弱者となってしまいます。けれども、ありがたいことに私は、周りの人たちから「早いね」と言われる場面が大変多いのです。

そんなまさか、早いわけがありませんよ。健常者よりも早く動けることなんて、真っ暗闇の中での歩行とか（?）、実用性の極めて低いものばかり……。

では、私が「早い」と言ってもらえる所以《ゆえん》は、どこにあるのでしょうか。

もう既におわかりですよね。

そうです！

実際の行動が開始されてからのスピードでは勝ち目がないからこそ、私は思いついてから行動に移すまでのスピードでは、誰にも負けないようにと心がけているのです。

とにかく迷わない、悩まない、ぶれない。冷静に急いで決断、その瞬間に行動開始……。思いついたことをすぐさま行動に移せているから、はじめの一歩がスムーズに出せるから、「早い」と感じてもらえるのです。

このスピードは、「見える・見えない」なんて関係ありませんしね。ぜひ鍛えてみてください!!

さらに私は、講演で経験や方法を語るだけではなく、常に自分もチャレンジし続ける人間で在りたい、一生その姿勢だけは貫き通したいと心に決めています。

学校へも講演に行く私としては、「口ばっかりの大人」だと思われたくないですからね。それに、そもそも色々とチャレンジを続けているほうが楽しいのです。

この後の章では、この本を書いている2023年現在の穴澤雄介が、7つの方法も活かしつつ、チャレンジしたこと、していることについて、ご報告いたしましょう。

実践的な活用の事例として、より参考になるはずですし、あなたのモチベーションのアップにも繋がるのではないかと思います。

一緒にチャレンジ癖まで身についちゃうかもしれませんよ!!

第3章

イモムシからチョウへ、まさかのマラソンチャレンジ!!

箱根駅伝と昔の自分

全盲なのにスポーツ観戦？

２０１８年のお正月、私は友人たちに誘われて、生まれて初めて箱根駅伝の観戦に出かけました。

みなさんは、

「どうやって全盲なのにスポーツ観戦するの？」って、思っていますよね。片耳にイヤホンを入れて、ラジオ実況放送を音声ガイド代わりにして観戦するのです。

この方法を使って、高校野球やプロ野球、大相撲なども観戦に行きます。選手たちや応援する人たちの雰囲気は、全盲でも十分に肌で感じることができますし、試合の模様はラジオ音声で把握できますから、ラジオで実況放送されるものについては何も問題なく、会場で観戦が楽しめるのですよ!!

ちなみに、インターネット放送やテレビ中継を、この方法に使うことはできません。目の前の試合状況とタイムラグが発生してしまうからです。

インターネット放送の場合は、数十秒くらい遅れてしまいますから、もう全然駄目ですね。

テレビ中継は、そこまで酷くはないのですが、やっぱり2秒から3秒程度、遅れが生じます。試しに今度、テレビでもラジオでも中継しているスポーツ、野球や相撲などを、どちらの音声も切らないで、同時に聴いてみてくださいね。

ラジオから聞こえた音が、数秒遅れでテレビから聞こえてくるはずですよ。ラジオって、本当にすごいのです。

会場で観戦していても、ラジオ実況の音は、タイムラグがないので、音声ガイドに使えるというわけです。まあ、厳密には0・01秒とか、遅れがあるのでしょうけど、全く問題ないですね。

最近ではラジオでのスポーツ中継が、どんどん減る一方なのですけど、こうして視覚障害者の音声サポートにも使われているということを、ぜひ放送業界の方々に知ってもらいたいです。

みなさんも、スポーツ観戦に出かける際は、ぜひラジオを持って行って、私の真似をしてみてください。健常者の人にとっても、絶対に良いと思いますから!!

なぜ切ないのか

さて、話を箱根駅伝に戻しましょう。やがて、先頭を走る選手が近づいてきます。沿道のざわめきは徐々に高まって、その大学のファンが一所懸命に応援を送ります。少し間を置いて2位の選手が通過。やはり逆転優勝を願う人たちからの、熱い声援が飛び交います。3位の大学、4位の大学……、次々と選手が走り抜けて行きました。

20番目の大学も通過し、残るは関東学生連合チームの選手ただ一人……。

しかし、なかなか姿が見えません。それでも沿道の人たちは、待ち続けていました。そして、ようやく現れた選手に対して、優勝争いをしている上位のチーム以上に強い声援が、惜しみなく送られました。

私は最後の一人まで、しっかり応援する駅伝ファンの姿勢に感動しつつも、一方でとても切ない気持ちになりました。

「あの関東学生連合チームの選手は、一体どんな心境で沿道の声援を受け止めたのだろう?」と――。

おかしいですよね。こんなことを考えていた観客は、私ぐらいかもしれませんね。もちろん彼にとって、声援は嬉しかったでしょう。けれども、一緒に観戦した友人の話では、泣きそうな顔で走ってきたそうです。

わかります。そうだろうと思います。優勝争いはおろか、一つ前を行く選手にすら追いつけそうになく、しかも連合チームなので、一緒に頑張ってきた仲間と楽しめるわけでもなく、それなのに大きな声援をもらってしまう。

そんな彼の気持ちを、あなたは察することができますか。私は昔の自分の記憶が蘇り、どこか重なり合い、切なくなってしまったのです。

同情が重荷に

小学6年生の私は、視力も下がり始め、心臓にも障害があったため、体育の授業に対しては苦手意識のみでした。

その日は、サッカーをしていました。「私は」といえば、相手ゴールにシュートを打つ攻撃的な位置でもなければ、ゴールキーパーでもない、向こうから攻めて来られたら少し邪魔をするだけの、極めて目立たないポジションに立っていました。

いつも進んで、自らそのようにしていたのです。そうすることが、味方のチームにとって一番迷惑にならないだろうと知っていたからです。ところが、その日は同点で終わりました。そして、

「じゃあPK戦をしようか」という話になりました。

当然サッカー部に入っている同級生を中心に、両方のチームの運動のできる子たち同士で始まりました。だが、しかし……。

突然、担任の先生がこんな提案をしてきたのです。

「ちょっと待て、次は穴澤にけらせてあげようよ」と……。

私は心の中で叫びました。

「やめてくれ！」と。

そりゃあ、ずっと同点のままで、最後の11番目の選手にまで順番が回って来たなら、仕方がないと思い、頑張って私がけったでしょう。ですが、そんな状況でもない中で、私がける理由なんて……、あるとすればただ一つ、他ならぬ同情のみです。

クラスメイトも、私の目や心臓のことは知っていますし。何より担任の先生からの提案ということで、結局私は大声援を浴びながら、シュートを打たなければならなくなりました。

結果ですか？

もちろん見事にキーパーに取られましたよ。それこそ、確かサッカー部に入っていたI君に……。

「惜しい、あのシュートはキーパーがI君でなかったら入っていたよ」なんて慰めの声も、たくさんもらいましたよね。

仮にそれが事実だとしても信じられない、I君がミスをしてシュートが決まってしまっていたとしても、やっぱり私は喜べなかったと思います。

私のような、強い劣等感を味わったことのない方々からすれば、「じゃあ何をどうすればいいって言うのだ」って話でしょうね。

そうなんですよ。これって、とても根深く、たちの悪い問題なのです。だけど考えてみてください。小学校時代を中心に、これに似たエピソードが私の中には山のように存在しているのです。

同情の措置、同情の声援、その陰に潜む冷ややかな視線……。

そんなものばかり味わっている私が、一体どうやって自信を持ち、挑戦に喜びを感じ、前向きに受け止め、積極的な自分が得られるというのでしょうか。

不可能、あり得ない、無理です。どう考えても絶対に無理ですよ。

と、そんな風に私は、長年ずっと思っていたのですが……。

この先は30年後の私のエピソード……。

まるで違う人のように変わっている自分自身を、果たして穴澤少年は信じられたでしょうか。そしてあなたも、信じられるでしょうか。

どうすれば重大なチャレンジを決断できるようになれるか!!

ホノルルマラソンへの挑戦

２０１６年1月、私は突飛なチャレンジをスタートさせようとしていました。それは全盲であり心臓病の私にとって、最も縁遠い分野と言ってよいでしょう。なんと、まさかのマラソンへのチャレンジだったのです。

まともに走ったことは一度もない、少なくとも長距離は有り得ない、下手をしたら命に係わるかもしれない……。

常識的に考えて、完全に私がやるべき挑戦ではないでしょう。仮に挑戦するとしても、かなり慎重かつ重大な決断を迫られるはずです。そんな重く大きなチャレンジを、まず私がどのようにスタートさせたのか、あなたにお伝えいたしましょう。

そのきっかけは、友人との何気ない電話からでした。

なんでも、以前ホノルルマラソンを完走したことのある友人。

「もう一度、久しぶりに挑戦してみたいと思うんだよね」

そう言い出したのです。基本的に、人のチャレンジ精神は応援したい性格の私は、即賛成と激励の言葉を送りました。そして話題は、レースの時間制限について……。

なぜホノルルマラソンには時間制限がないのか、その理由について知らなかった友人に対し私は、

「あれって確か、心臓病患者への支援が目的で始まったレースだから、それもあって時間制限がないみたいだよ」と説明、すると友人は……。

「なるほど、じゃあ穴澤さんも一緒に走る？」と、冗談半分に聞いてきたのです。

もちろんホノルルマラソンについて、完全に他人事だと思って話していた私、友人の発言は冗談といえど、かなり寝耳に水でした。が、しかし……。

その思わぬ投げかけは、私にとって深夜のテレビショッピングの誘惑並みに、根拠なく魅力的に感じられたのでした。

完全に直感が動かされた。心臓病の私が、ランニング経験ゼロと言ってもよい私が、子どもの頃はクラスの女の子から「運動のできない男子」としか見られていなかったであろう私が……、もしもフルマラソンを完走できてしまったりなどしたら……。

そんな風に考えるとですね、とにかく面白そうな、それはそれはわくわくする妄想しか出てこなかったのですよ!!

私は即座に、

「ああ、面白いかもしれない、うん、やってみる！」と、返事をしました。きっと友人にとっては、私のチャレンジ承諾が、逆に寝耳に水だったかもしれませんね。ちなみに友人は看護師なのですが、

「一応、心臓の主治医に相談してね」とつけ加えました。そりゃあ、そうですよねえ……。

当然のことですが、私はマラソン選手を目指すわけではありません。したがって、最初から無理をするつもりもないわけで、おそらく自分の心臓と相談をしながら走れば、そこまでリスクはないだろうと予想していました。けれども、心臓病の私が挑戦するからには、主治医にも最低限の相談をしておかなければ……。でも、

「フルマラソン完走を目指してランニングを始めようと思うのですが」なんて、そんな質問を最初からしたら、いくらなんでも反対されるに決まっています。

そこで次の定期検診の日、まず、

「相談なのですが、少し運動の量を増やしても大丈夫でしょうか」と、話を切り出しました。

「ああ、今は経過も良好ですし、いいんじゃないですか」と主治医。すかさず、

「例えばですけど、走ってみるとかどうでしょう」と私。

「いやあ、いいと思いますよ」と主治医。私は、

「よし、主治医の了解は得たぞ！」と、心の中で喜びました。

まあ……、主治医は「走る」といっても、「どうせ近所をジョギングする程度だろう」くらいにしか、思っていなかったでしょうけどね。まさか、フルマラソン完走を目指そうとしているだなんて、全く考えもしなかったと思います。

何はともあれ、こうして私の重く大きなチャレンジは、極めて軽く、世間では「軽はずみ」とも言われてしまうくらいに軽く、あっさりと決断されたのです。

まず第一歩を

さて、世の中には、チャレンジしてみたい気持ちはあるけれど、なかなか一歩踏み出せない、そんなタイプの方もおいでになるようです。

過去を振り返れば、昔の私も同様でした。やってみたい！　だけど成功できる自信は全くない。挑戦をしなければ、失敗もしなくて済むし、じゃあ、ここは動かずにいるか。といった具合に……。

現在の私は、

「やろうかどうか迷っている」と人から相談された時、ほとんどの場合において、こんな風に答えます。

「やってみて駄目そうなら、やめればいいだけなんだから、とりあえずやってみれば？」と……。

「やめればいいだけ！」

この言葉には抵抗を覚える方も多いようです。

以前、中学校で講演した際、生徒さんの質問に上記と同様の返答をした瞬間、先生方や保護者と思われる席が、すごくざわついたことがありました。きっと、「簡単に諦めてはいけない」と教えるであろうと思われがちな私の口から、こんな発言が飛び出すのは、かなり意外なのでしょう。また、学校の先生という立場の方は、まず絶対に口にできないような発言なのかもしれません。

この本をここまでお読みくださっているあなたは、すぐに勘づいてくださると思いますが、何も私は簡単に諦めてもいいと主張しているわけではありません。むしろ、第1章や第2章でもお伝えしているように、諦めなくても済む方法を、誰よりも真剣に考えているつもりです。

しかし、諦めるか諦めないかの問題は、あくまでもスタートしてからのお話です。

始める前から先々のことを悩むのはナンセンスです。一般的に、「やるからには継続しなければ」と言われて育つがために、みんな躊躇してしまうのでしょう。

「中途半端なことはできないし」と……。

そして躊躇して悩めば悩むほど、自分で自分のハードルを上げてしまい、実行は遠のくのが常なのです。

すぐ目の前までチャレンジのチャンスが来ていながら、躊躇して悩んで逃してしまった数々の機会……。

一体あなたは今まで何回ぐらい遭遇していたでしょう。その中には、もしかしたら劇的に、あなたを開花させる方角へ導いてくれたかもしれないチャレンジが、眠っていたのでは？勿体ないとは思いませんか。だからこそ、あなたの直感が少しでも揺れ動いたのなら、少しでもときめいたのなら、躊躇せず開始を選んでくださいね。

周りの反応や、過去の自分なんて一切考えず、ただ心のコンパスだけに従って、可能な限り早く、まずは一歩、無責任に踏み出してしまってくださいね。

やってみて駄目そうなら、やめればいいだけなんです。とりあえずやってみてほしいです。軽い気持ちで……。

10回のチャレンジの内の一つが当たったなら、それはかなりの高確率、悩んでいる暇なんてないんです。

重く考えても、動きが重くなるだけですよ。とにかく軽く軽く。重大なチャレンジを決断できるようになる秘訣、それは極力軽く考えること。いや……、考えすらしないで一歩踏み出すことでしょうね!!

どうすれば周りの声に右往左往しないでいられるか!!

ルームランナーを買おう!

さあ、そんなわけで無事に主治医の了解も得て（?）、安心してチャレンジをスタートできることになった私、すぐさま練習方法について考えました。

全盲の私は、伴走者がいなくては、外を走ることは困難です。マラソン好きの友人が、近くに住んででもいれば、頻繁に会って一緒に練習できたかもしれませんけど、いずれも遠方でして、それは不可能。

まあ、パラリンピックを目指すようなレベルなら、最初から伴走のスペシャリストを探せば良いのでしょうが、

「今まで何kmのレースを走ったことがありますか?」

などと聞かれ、

「50mまでです」なんて答えたら、ギャグにしか思われないでしょうし……。

悩みに悩んだ末、頭の中のスクリーンに上映された自分のトレーニングシーン、それは……。

「そうだ！　ルームランナーを買おう!!」

某鉄道会社のCMキャッチコピーのごとく、画期的な方法が浮かび上がりました。自宅で練習できるのが一番良いと思いましたし、すぐさま注文、早速練習開始です。

最初は恐る恐る、まずは一日2分だけ、次の週は3分だけ、大丈夫そうだから速度を少し上げてみる……。

何しろ走りの経験は実質ゼロと言っても良いですし、心臓病ですし……。

無理して断念しないためには慎重に、でも計画的に虎視眈々とフルマラソン完走を目指して、メニューをほんの少しずつ、焦らず確実に高めていきました。

そうして時は流れ、数ケ月が過ぎ、私の壮大なそのチャレンジが、少しずつ周囲に漏れ始めた頃……。

やっぱり来ました。

反対勢力出現

そう、新たなチャレンジを開始しようとしたり、実際に開始したりしますと、必ずといっていいほど出現する、反対勢力に遭遇するようになったのです。この時は主に2種類。私が心臓病であるが故に、

「何かあったらどうするの？」や、

「絶対にやめておいたほうがいいよ！」など、身体を心配してくださろうとする感謝すべき反対勢力が一つ。

そして、私のランニング経験がゼロであるが故に、

「ルームランナーじゃ練習にならないと思うけど」や、

「ロードレースは全く別物だよ」など、マラソンがご趣味の諸先輩方からの、アドバイス的な反対勢力が、もう一つでした。

「そこまで心配されるのなら、やめておこうかな」

「ルームランナーの練習が意味をなさないなら諦めるしかないかな」

そんな風に私の心は次第次第に……。

なあんて、全く揺らぎませんでしたよ。

一瞬たりとも揺らぎませんでしたね。

なぜだと思いますか。

決して他人の意見を聞かない人間だからじゃないですよ。それは極めて簡単な理由で、その答えは、

「彼らに相談したわけではないから」、そして、

「彼らが責任を取ってくれるわけではないから」です。

とってもシンプルでしょう？

そもそも私は、あまり人の意見を求めるタイプではありませんが、誰かに相談するとしても、そのタイミングは多くの方々と異なっていると思います。

雑音に惑わされない方法

大半の方々は、決まって何事かを始めようとするタイミングで周囲に相談するのです。ここでの私のチャレンジを例にするならば、こんな感じですね。

「フルマラソン完走を目指してランニングを始めようとしてるんだけどさあ、どう思う？」や、

「一人で外を走れないからさあ、ルームランナーでも買って、家で練習するのはどうかなあ？」といった調子。

こんな形で相談をして、上記のような反対意見を言われたなら、そりゃあ揺らぐと思いますよ、ぐらぐらと。

私は絶対に、スタートのタイミングで相談なんてしません。１００％自分の意志だけで踏み出します。

もし誰かに相談をするとしたら、スタートしてみたものの、思うように前進できなくなった時ですね。

「やる・やらない」の相談ではなく、

「アイディアを募る」という趣旨の相談だったらします。

では、周りの声に右往左往しないための秘訣をお伝えしましょう。

すでに第2章で結果は書いてしまいましたが、私はその後、フルマラソン完走に成功することができました。

けれども、もし私がチャレンジの途中で、心臓の具合が悪くなり断念せざるを得なくなっていたとしたら、または、ロードレースでは全く歯が立たずルームランナーでの練習が徒労に終わっていたとしたなら、一体どうなっていたでしょう？

きっと、反対勢力側にいた人たちは、私の失敗を陰で噂して、嘲笑ったりしたでしょうね。「だから言ったのにねえ」などと……。

そんな風に想像すると、本当に嫌になりますよね。だからこそ、反対した人たちを見返してしまいましょうよ。反対したことを後悔させちゃいましょうよ!!

と、このように、反発力を原動力の足しとして、飲み込んでしまうのも一つの方法ですよね。

「でも私は強くないから、なかなかそうは思えなくて、やっぱり周りの声を気にしてしまう」

と、お嘆きの方もいらっしゃるでしょう。

わかります。その気持ちも、よ～くわかります。その場合は、次のことを覚えておいてください。

先のことを案ずるなかれ

突然ですが、あなたに質問です。

結局、フルマラソン完走を成功できた私に、反対勢力だった人たちは、何らかの形で祝福してくれたと思いますか。または、

「あの時は否定的なことを言ってしまってごめんなさい」と、謝罪してくれたと思いますか。

答はノーです。まるで、その件には触れないでおこうと、沈黙を守っているようにさえ感じるくらい、何も言われませんでしたね。

つまり、誰かの前向きなチャレンジを反対したがる人たちの発言とは、極めて無責任なのですよ。自分の否定的な意見が的中すれば嘲笑って、的中しなければ無視。

そんなずるい人たちの無責任な反対意見に、決してあなたは惑わされてはいけませんよ。傷ついたり、落ち込んだりする価値もない意見です。聞いているふりをして、あっさり聞き流すべきなのです。

当たり前のことですけど、自分の行動の責任は、自分で取るしかないのです。誰も責任を取ってはくれません。

だとすれば、思いっきりあなたの自由であるべきだとは思いませんか。何かを始めるのも、諦めるのも、逆に諦めないのも、あなたの自由で良いはずですよね。

ですから、あなたの前向きなチャレンジは、全てあなたのもの。否定的な意見によって、右往左往する必要はありませんよ。

「大きなお世話をありがとう」と、心のなかで思っておけばいいですよ!!

マラソンチャレンジ開始から、およそ10ヶ月後の２０１６年11月20日、私は初めてのロードレースに参加しました。

以前から私の演奏活動を応援くださっている富山県在住の方に伴走をしてもらい、富山県砺波市で行なわれた「第３回となみ庄川散居村縦断マラソン」の10㎞の部に出場。１時間12

分で完走することができました。

ものすごく嬉しかったです。

その達成を境に、反対勢力に遭遇することもなくなりました。あんなにいつも否定的なことばかり言われていたルームランナーは、

「私も買おうかなあ」と、羨ましがられるような存在へと変わりました。面白いでしょう？

このエピソードからもわかるように、あなたは自分自身の心のコンパスだけに従って最初の一歩を踏み出し、周りの無責任な声に惑わされることなく、自信をもって進んでください。

先のことを心配しても意味がありません。

壁に衝突するまでは大いに楽しみ、壁に衝突したら大いに悩み、アイディアをひねり出せば、それで良いではないですか。

だから、決して反対勢力に負けないでくださいね。右往左往しないでくださいね。

少し成功し始めれば、否定的なことを言う人など消えて行きますから、ちょっとの辛抱です。そして……、あなたも誰かの前向きなチャレンジは応援してあげましょうね。

誰かのチャレンジを否定すれば否定するほど、失敗が怖くなり自分のチャレンジもできなくなって行きます。

応援すれば応援するほど、あなたのチャレンジの応援団も増えるはずですから!!

２０１８年６月、ついにフルマラソン完走にチャレンジ!!

私の目的は完走すること

２０１８年６月24日、いよいよフルマラソン完走に挑戦するその朝、天気は雨でした。６月下旬の東京の気温と言えば、マラソンをするには高すぎますし、暑さとの戦いにもなるとにらんでいた私は、

「少し雨が降るくらいで、ちょうどいいのでは?」と思っていました。

「第18回ＵＰ　ＲＵＮ葛飾区荒川河川敷堀切橋スプリングマラソン大会」

最初に２・１９５㎞を走った後、５㎞の周回コースを８周するというレースで、全盲の私にとっては、比較的走りやすい大会。しかし、制限時間は６時間です。フルマラソン初挑戦の私にとって、この制限時間と暑さは大きな壁、簡単なレースでないことは十分承知の上でした。

私の伴走を担当してくださったのは、日本ブラインドマラソン協会の練習会で知り合ったＧさんでした。この大会の１ヶ月前に、「アキレスふれあいマラソン２０１８」という大会の10㎞の部でもご一緒いただいた、とても頼りになる伴走者です。

ところで、あなたは視覚障害者の歩行の介助法をご存じでしょうか。介助者の腕か肩に視覚障害者がつかまらせてもらい、介助者が一歩前を先導する形が基本の姿勢となります。マラソンの場合は、1mくらいのロープを輪にしたものを使用し、伴走者と視覚障害者ランナーとが、お互いにその端を握りながら走るのですよ。

ついにスタート、雨の中を行く一般ランナーたちに混ざり、一組だけ伴走者と視覚障害者ランナー。500mも走らないうちに、次々と追い越されて、あっという間にしんがりです。でも、私たちは軽やかに笑いました。なぜなら、狙うは完走記録ただ一つ、更新する記録さえ持っていない私は、とにかく6時間以内でゴールする、それが最大の目的です。長く苦しい冒険の始まり、最初から無理するわけには行きません。

異変……しかし私は

私のレースプランは、1kmを7分半から8分で走り続け、最後は歩くことになってしまったとしても、それまでの貯金を使って、どうにかして6時間以内でゴールする、そんな目論見でした。

最初の2・195kmを走り、5kmを8周するコースへ。2周もしないうちに、すっかり雨は上がりました。すると今度は晴れて来て、警戒していた気温が上昇。それでも、4周目までは極めて順調で、レースプランは的中したかに思えました。ところが……。

私は5週目の途中、つまり25㎞地点くらいから、全く同じ走りをしているつもりなのに、タイムが落ち始めたのです。

最初は勘違いかと思って、タイムをそろえようと努力しましたが、タイムを守ると息苦しくなっていく一方。それでようやく、異変に気がついたのです。私は走れなくなっているのだと……。

早歩きと走りを交互に繰り返すような形で、何とか5週目はクリア。ただ、6週目になると、早歩きに走りをミックスできなくなって行きました。おまけに完全な晴天となり、気温もぐんぐん上がって湿度も高い、環境も過酷さを増していきました。

気をしっかりもっていなければ、意識がぼんやりするような感覚、私は給水所の度に止まって、水を飲むだけでなく、頭から何杯も浴びせかけて、少しでも冷やそうと心がけました。身体のあちこちには、痛みを伴った疲労感が広がります。特に左右の足の親指は、「指がちぎれてしまうのでは？」と心配になるくらいの痛みでした。

レース会場には、このチャレンジを穴澤ユーチューブチャンネルでも公開するために、カメラマンが来てくれていましたが、どんどんペースが落ちて行く私の姿に、「これは完走できない」と感じている様子が、目が見えなくとも、会話を交わさなくとも伝

わってきました。伴走者のGさんからも、

「どこまで続けますか？　6周でやめておきますか？」と、そんな声がかけられました。

立場的に苦しければ苦しい時ほど、他人からの諦めの促しは、甘い誘惑の言葉にさえ聞こえてしまうものです。しかし私は、

「記録は残らないかもしれませんけど完走してもいいでしょうか」と、答えました。

今から思い返してみれば、こんな返事ができたのは、まだ私に精神的余力が十分にあったからでしょう。

実は、この言葉には裏があったのです。諦めムードが広がる周囲に、続けることを納得させるための台詞でして、本当の私は、6時間以内で完走することを全く諦めてはいなかったのです。

「もう1回だけ必ずチャンスは巡ってくる！」

そう思っていました。25㎞地点まではペースを守っていたのだから、多少は貯金があるはず。最小限の力で早歩きを続ければ、最後にもう一度だけ走れる体力が戻ってくるはず……。

自分の感覚だけを私は信じていました。

この日に向け、自宅でもルームランナーによる6時間走という練習を自ら考え、行なっていました。やはり、すごく苦しかったですが、最後の30分くらいは、不思議な力に包み込ま

れた記憶がある。だから必ず今日も……。

7周目は、本当にふらふらでした。途中で、一度だけトイレに寄りましたが、もう普段の生活上の動きができなくなっていることを、そこで思い知りました。

コースを走る（この時は早歩きでしたが）ことはできても、ちょっとしたトイレの段差にバランスを崩したり、ただ立ち止まるだけの動作にも気を配らなければ転びそうになったり……。

それでも私は、決して諦めませんでした。

7周目中盤の給水所だったと思います。

「まだ時間はあるよ、あと1時間半はあるからね！」

そんな励ましの言葉を耳にしたのです。残る距離は、だいたい8㎞。この状態では確かに余裕がない、だけど自分のレースプランは的中している、そう私は確信しました。

いつもの走りができれば、たやすく制限時間内に、ゴールインできる段階までは到達したのです。

問題は、どの時点で再び走り出すかの見極め。やはり、ぎりぎりまで温存し、最後にスパートをかけるしかありません。

ついに最後の1周、8周目に入ると、私は少しずつ早歩きのペースを上げて行きました。

この2年半のチャレンジを、大切に振り返りながら、前へ前へと足を投げ出すようにして進みました。

最初にフルマラソン完走へのチャレンジを誘ってくれた友人、ルームランナーの購入を手伝ってくれた友人、これまでのレースで伴走してくださった方々、この挑戦を心から応援してくださった方々、たくさんの感謝したい人たちの言葉や気持ちを噛みしめました。

満足した全身と全心

残り時間を何度も尋ねる私に、カメラマンも伴走者も、「穴澤は時間内に完走する気なのだ」と、ようやく気がついてくださったようで、次第に完走ムードも高まってきました。

必死に頑張れば、1㎞7分ペースくらいで走れるだろう。だが、1㎞以上走ることは難しい。そのスパートが失敗に終わって立ち止まってしまったなら、もう二度と走り出せない気がする。

だとすれば、早めにスパートをかけて、8分ペースを狙うべきか。いや、この状態では8分ペースも決して楽ではない。一体どこでスパートするべきなのか……。

私は心の中で、迷いに迷いました。なかなかタイミングを見つけられないまま、「残り15分」という声を聞いてスパートを開始しました。残る距離は、およそ2・2㎞。ぎりぎりの賭けであることは、間違いありませんでした。

きっと１㎞を超えたあたりでしょう。私は息苦しさに加えて、手足のしびれも強くなり、一度早歩きに戻してしまいました。

この段階になると、Ｇさんも完走を本気で考えてくださり、「穴澤さん！　走らなきゃ、走らなきゃ、あと４００ｍだけだから！」と、激励の言葉を叫んでくださいました。

ですが全盲の私にも、それが私を走らせるための嘘の距離だということは、簡単に見破れてしまいました。

周回コースだったものですから、景色は見えなくとも傾斜の位置や音環境の変化などで、現在地がコース内のどこら辺にあたるのか、だいたい記憶してしまったのです。

「あと１㎞は残っているでしょう」

そう私は心の中でつぶやきました。しかし……。

次の瞬間、穴澤は走り出した。あらゆる思考を可能な限り停止させ、もう一度走り出したのです。

息切れも、手足のしびれも、全身の痛みも、極限に達して、意識が遠のくような感覚に襲われ始めました。

「もう駄目かもしれない」

そう頭をよぎったその時、ゴール付近の沿道の人たちの声援が聞こえてきたのです。

「よし、辿り着ける!!」

希望が見えた私は、なけなしの最後の最後の体力を振り絞りました。幼少期は入院ばかりしていた私が、体育の授業では50mまでしか走らせてもらえなかった私が、三度の心臓手術と中途失明によって、早歩きの機会すらほとんどなくなった私が、ついにフルマラソン完走を果たしたのです。

5時間58分24秒、暑さの影響でしょう、フルマラソン個人の部への出場者は少なく、総合順位は26人中20位、男女別順位は20人中18位という成績でした。

あまりの苦しさに、ゴールした瞬間の嬉しさは全くなく、地べたに座り込んだまま動けず、やっとの思いで帰宅しても強い痛みで快眠できず……。

2日後くらいから、ようやく身体の修復とともに、達成感をも徐々に補給されるようになりました。私の全身と全心は、満足でした!!

2回目のフルマラソンチャレンジ、そして50歳になったら!!

また走りたくなった

さて、2018年6月のフルマラソンチャレンジの直後は、

「今後もランニングは続けるけど、もうフルまでは走らなくていいかな」と、そう思っていました。何しろ心臓病が治ったわけではありませんし、フルは本当にきつかったですからねえ……。

ところが不思議なもので、1年くらい経ったら、

「また走ってもいいかなあ」と、そんな風に思えてきたのですよ。よく、

「『出産直後はあまりに痛くて二度と子どもは産みたくないと思っていたけど、1年くらいしたら、もう一人産んでもいいかな』と思えてきた」なんてエピソードを聞きますけど、それに似ているのかもしれません。まあ、私は出産を経験したことがありませんけどねえ——。

しかし、そんな2回目のフルマラソンチャレンジが、自分のなかでにわかに固まってきたタイミングで、新型コロナウイルスの感染拡大が始まってしまったのです。

それまで毎月楽しみにしていた、日本ブラインドマラソン協会の練習会も中止となり、さ

らに私が参加できそうな大会も中止……。

伴走車がいないと、外を走れない私は、またもやルームランナーのみで走る日々に逆戻りしてしまいました。

目標がないと、モチベーションを保つのは、非常に難しいですよね。もしかしたら私が、昔から走るのが得意で、本格的な外での練習しかしない人間だったとしたら、この期間に走ることを諦めてしまったかもしれないですね。私の場合は、スタートがルームランナーによる、ひたすら地味な練習の積み重ねでしたから……。

外で走れない寂しさはありましたが、比較的ストレスなくマラソンを続けられたのだと思います。来る日も来る日も、ルームランナーで走り続けました。同じ場所をずっとずっと……。

富山マラソン

そんな私にチャンスが訪れたのは、2021年のクリスマスの時でした。

その日、私は富山にいました。実は2006年ごろから、頻繁に富山で演奏させていただいておりましてね。毎週末のように富山へ行っていた時期もあるくらいなのですよ。

そんなご縁の深い富山でさえ、新型コロナウイルスの影響で、なかなか演奏に出かけること叶わず、およそ2年ぶりとなるコンサートでした。

1日2回公演、昼の部、夜の部と終えて、そして懇親会……。

その席には、なんと富山マラソンを走ったことのある方が何人かいらっしゃり、「穴澤さんも今度走りませんか」という流れになったのです。

しっかりした外での練習が全くできていない私は、さすがに難しいだろうと思って、惜しいと思いつつも、その話をお断りせざるを得ませんでした……。

と、そういう話になってもおかしくないでしょうが、私は即座に「出たいです」と答えました。もちろん、伴走者はどうするのかといった、色々とクリアしなければならない課題は多々あるのですけど、一番大事なことは決断、自分自身の決断です。

直感と決断力をセットに

私は仕事でもプライベートでも、買い物もそうなのですが、「これは良いかも！」と、直感がときめいたら、迷わず即決するように心がけています。

反対に、なかなか迷って決められない物事からは、なるべく手を引くように心がけています。例えば、「この服は絶対に自分に似合うはず」と感じたら、少し予算オーバーでも買うようにしています。

迷いつつ諦めると、同じような服には二度と出会えないことが多いし、ちょっと無理をしてでも買った服は、やはり自分に似合うし周りの評判も良いです。

逆に、

「今日はそこまで欲しいと思う服がないけど、せっかくお店まで来たのだから1枚くらい買うか」と思って買った服は、結局あまり着ない。

つまり、お店まで行く手間など惜しまずに、買わないで帰るほうが、賢い選択なのです。

仕事でも同じで、

「あまり気乗りしないけど、金銭的には悪くないし」などと、自分の気持ちに理性で蓋をして引き受けた仕事は、やっぱり途中から良くない方向へ進んだり、トラブルに発展するケースが多いのです。

おそらく似たような経験、みなさんも心当たりがあるのではないでしょうか。だからこそ、私は直感と決断力をセットにし、様々なことを時間をかけずに判断するように意識しているのです。

さて、そんなわけで富山マラソンをあっさりと決断した私は、ルームランナーでの練習量を段階的に増やして行き、再びフルマラソンを完走できる自信がもてるまでに引き上げる計画を立てました。ほぼ毎日、ラジオや音楽を聴きながら、ひたすら家で走り続けました。

結局、外での練習は、ほぼできないまま迎えた２０２２年11月６日の富山マラソン……。

その日は晴天でした。

伴走者は、なんと４人。富山県出身の元陸上競技選手、磯野あずささん（旧姓・野尻あずささん）がご協力くださり、穴澤のための伴走チームを募ってくださったのです。

これがまた、いいチームでしてね。私を含めて、男性４名、女性１名の計５名で、「チーム穴澤」と称して、和気あいあいと、終始笑顔で走ることができたのです。

年齢もバラバラでしたが、ちゃんづけでそれぞれ呼び合い、楽しく語り合い、ランニング用のサプリメントをシェアし合ったりしながら、まるで学校遠足のような雰囲気でしたね。

歩きを入れないで完走すること

私は、参加者１万人以上の大きなレースに出るのは、これが初めてでした。

沿道のあちこちで、ランナーを激励するパフォーマンスが行なわれていて、「さすが」と、感心してしまいました。

中でも、所々で地元の高校の吹奏楽部が演奏をしてくれて、その音楽にはパワーをもらえました。また、長年富山で演奏をさせていただいていましたし、ＮＨＫ総合テレビのオリンピック・パラリンピック関連の番組にも出演していたこともあって、時々「穴澤さ～ん！」

とか、「アナちゃ～ん！」とか、名指しで応援してくださる方もいらっしゃり、すごく嬉しかったですね。

一方で、これだけの規模のレースになると、ランナーが込み合っている空気感が、全盲である私にも伝わってくるので、特に序盤は走りにくさを感じました。

チーム穴澤の４人が、私を囲うようにしてくれたから走れましたが、あれが伴走者と私の２名だけだったなら、もっともっと難しかったと思います。

富山マラソンは、いくつかの橋を渡るコースでした。川を吹き抜けてくる風は心地よく、私にも一瞬、風景が見えたような気分になりました。

「やっぱり外を走るのは気持ちが良い」と、心の底から感じていました。目の見えるランナーには当たり前のことかもしれませんが、私たちブラインドランナーにとって、外を走れる機会というのは、本当に本当に貴重な、ありがたい機会なのです。

もし、あなたが趣味でマラソンをしていらっしゃるのだとしたら、ぜひガイドランナーにもチャレンジしていただきたいです。日本ブラインドマラソン協会などで、伴走練習会が行なわれています。ガイドしてもらう側の立場の私が言うのも変ですけど、一人で走るのとは全く別の、新たな感動が味わえますよ!!

25㎞を超えたあたりから、足の痛みが徐々に増し始めました。ですけど、これは４年前のフルマラソンの時も同じ、もう織り込み済みの痛みでした。

さらに、チーム穴澤の他のメンバーも、どこかしらの痛みが増している様子です。

「痛いのは自分だけじゃない」と思うと、また不思議なパワーが沸いてきました。

このレースにおける私の個人的な目標は、完走はもちろん、最初から最後まで、どんなにゆっくりなペースになってしまってもよいから、一度も歩きに変えることなく走り切ることでした。

一番つらい25kmから30kmくらいまでの間は、私の様子を察してか、メンバーがたくさん話しかけてくれて、上手に気を紛らわせてくれました。

30kmを超えると、周りには走れなくなったランナーがたくさんいたようで、「穴澤さん、どんどんごぼう抜きしていますよ!」と、おだててもくれました。まあ、私は全盲ですから、果たして実際にそうだったのかはわかりませんけどねえ……。

40kmを過ぎると、さすがに今回は完走をほぼ確信できました。4年前の初挑戦の時と比べると、やはり多少余裕がありましたね。

ゴール付近には、いつも私の富山での演奏に来てくださるみなさんが、待ち構えていてくれて、最後の声援を背中で感じながら、ついにフィニッシュ。

早、次の目標が……

総合順位は1万2617人中1万1452位。男女別順位は9526人中9111位。思っていたよりもタイムは伸ばせず6時間25分02秒という成績でした。給水所以外では、「一度も歩かずに……」という目標は達成できていたので、前回よりもいいタイムが出たと思っていたのですけどね。不思議なものです。

それに関しては残念だったのですけど、ルームランナーの練習だけで3年ぶりのレースでしたから、まあ、よくやったと言っておきましょう。とにかくチーム穴澤のみんなと走れて、最高に楽しかったです。

基本的には、個人競技であるはずのマラソンを、チームで励まし合いながら走れる幸せ。私は視覚障害者になって、本当に得したなあと、心から思いました。

フィニッシュ後は北日本新聞のインタビューを受け、翌日の新聞に割と大きく掲載されました。まさか私がランナーとしても新聞に載る日が来るなんて……、本当に信じられません。私の次なる目標は、このまま1年に1回はフルマラソンに出場し、50歳になった時に、ウルトラマラソンの50㎞の部に出て完走することです。

もしこれが達成できたら、私は50歳にして昔の自分の千倍走れるようになったことになります。その暁には……、3冊目の本でも書いちゃいましょうかねえ!!

話は富山マラソンのフィニッシュの瞬間に戻ります。

見事にゴールインした私たちチーム穴澤の5人は、大いに叫び、ハグし合い、肩を組み、握手もして……。

なんだかもう、ぐちゃぐちゃでよく覚えていないのですけど、これでもかというくらいに喜び合いました。北日本新聞の記事の写真は、その直後の1枚のようですが、とてもいい笑顔で写っているそうです。

また、富山テレビの特集でも、私たちのゴールシーンが使われていたらしいです。それほど誰から見ても良いシーンだったという証ですね。小学6年生の体育の授業の時は、同情にしか聞こえなかったみんなの声。

35年後のランニングウェアを着た私の周りに広がっていたもの、それは同情なんかじゃない、紛れもない友情そのものでした。また一つ過去を変えたからね、穴澤少年!!

第4章

チャレンジできる人間に生まれ変わる条件!!

２０１７年秋、フランス単独ツアーへのチャレンジ!!

海外へ飛び出す

２０１７年９月20日、私は羽田空港の滑走路をのろのろと動く飛行機の中、20％の満足感と80％のわくわく感と０％の不安感を胸に抱きつつ、左側には小さな窓、右側には見知らぬ人、その間に挟まれて、ただ一人、おそらく笑みを隠せずに座っていたことでしょう。

「この飛行機はパリ、シャルル・ド・ゴール空港行きでございます」という、機内アナウンスが流れ、飛行機は次第に次第に速度を増して、いよいよふわりと空へ舞い上がりました。

それと同時に私の心もふわりと飛び上がりました。

「よし！　よし！　行ってしまえ!!」と……。

あんなに興奮したのは何年ぶり、いつ以来だったでしょう。

音楽家になり初の地方公演が決まって出かけた時？

１枚目のＣＤがリリースされた時？

それかＮＨＫラジオの番組テーマ曲に自作の曲が採用されて、最初の放送がスピーカーから聴こえてきた時かな……。

いやいや、それ以上だったような気さえしますね。何しろ10年近く縛られていた鎖を自らの手で引きちぎって、実現にこぎ着けることができたのですから!!

きっと笑う人もいるでしょう。情けない話ですが、実は33歳になるまで私はパスポートすらもっていなかったのです。

周囲では当然欧米に留学する同級生や先輩たちがたくさんいて、そして後輩たちさえも次々海外へ旅立ち、経験した者同士で思い出を嬉しそうに語り合っている。

そりゃあもちろん私とて、海外には興味津々でしたよ。まあ、西洋音楽に携わっていながら、海外に関心をもたない日本人なんて、なかなかいないのでは……。

ですから、はっきり言って、ただただ羨ましく、周囲の思い出話に耳を傾けていましたよね。

私の父は仕事柄、海外へ行くことがとても多かったのです。だから、私は幼い頃から色々な国の様子を聞かせてもらっていました。また洋楽ポップスは、小学6年から聴いていましたし……。

むしろ当時は、周りの子たちの中で、自分が一番海外に近い存在ぐらいに思っていましたよね。

ところがところが、父の経営する会社の業績悪化で、留学どころか旅行の機会すらなく育ちましたし、20代の頃は生活費を稼ぐことで頭がいっぱいでした。とにかく早く貧困を脱して、早く安定した日々を手にすることが、何より最優先でしたからね。海外に目を向ける余裕なんて、全くなかったわけです。

30代になって仕事も増えて、達成したい目標を考えられる状況になった時、やはり思い浮かんだのは海外公演でした。

「穴澤君みたいなタイプは絶対海外に行ったら人気が出るよ！」

そんな意見を頂戴したことが度々ありましたし、日本で外国人の方々に演奏を聴いてもらえる場面は何度もありましたが、とても良い反応をいただけていましたから、海外公演を行ない、活動を伸ばしたかったのです。

最初は「外国ならどこでもいい」という姿勢で、チャンスさえあれば、どんな旅にでも同行して、演奏の機会をつかみ取る形で進めました。

おかげ様で海外で弾ける場面が何度か巡ってきましたが、いずれもアジア・太平洋地域の国ばかりでした。まあ、それが決して不満足だったわけではないですよ。

そうした国での演奏の中にも、素晴らしく美しい思い出は多分に存在します。そして今もなお、どんな地域の、どんな国であっても、私は行ってみたい、演奏してみたいと思うことでしょう。

そう、それが穴澤雄介のスタイルですから……。

フランスへの思い

けれども私は、どうしてもヨーロッパに行ってみたかったのです。なぜなら、「穴澤はヨーロッパで受け入れられるタイプだと思うなあ」という、昔先輩からもらった助言が記憶にあったから。そして、とりわけフランスには、思い入れが極めて強かったのです。

あれは、まだ私が10歳くらいの時でした。

その頃、父は独立前で、フランス企業の日本支社に勤務していました。ある日、父はフランスからの客人を京都にお連れする機会があり、お土産に京都の織物のネクタイをプレゼントしてあげたそうなのです。

そのフランス人は、何度もネクタイを見て大絶賛し、大喜びしたらしく、それが父にとっても大変嬉しかったようです。

「おそらく日本人の美的感覚とフランス人の美的感覚は、似ているんじゃあないかな」

そう話していた父の言葉を、私はずっと覚えていたのです。

小泉八雲の物語、いわゆる日本の怪談話を題材にして作曲をしたり、日本の民謡を編曲し、演奏している私には、だからこそフランスの人たちに、いつか自分の音楽を聴いてもらえたらという、揺るぎない気持ちがありました。

ところで、みなさんはご存じでしょうか。フランスは、芸術文化の中心地でもありながら、点字の生まれ故郷でもあるのですよ。そんな理由もあって、音楽家としても視覚障害者としても、「やっぱりフランスは行くべき国」、そう感じていたのです。

チャレンジの初めの一歩の踏み出し方!!

現れては消え、現れては消え

そんなわけで、ヨーロッパへ行きたい、できればフランスへ行きたい。その願いを私は、機会がある度に、色々な人に伝えていました。

一緒に行く人が現れてくれないかと期待していたのです。さすがに語学が堪能なわけでもなく、現地の内情に詳しいわけでもなく、そして何より全盲であっては、一人旅なんてできるわけがないだろうと思っていましたからね。

「一緒に行きたい」と反応する人は、意外にも簡単に何人も見つかりました。しかし具体的に話を進めようとすると、

「今じゃなくてもいい気がする」とか、

「まだ力不足かもしれない」とか、みんな様々に言い訳し始めるのです。また、

「向こうに知り合いがいるから聞いてみるね」と言っていた人が、

「いい返事がもらえなかったの」とか、

「家族に相談してみる」と言っていた人が、

「あまり賛成じゃないみたいで」とか、簡単に諦めてしまうタイプの人も多かったのです。

「今度こそ行けるかな？」

そんな予感が、浮かんでは消え、浮かんでは消え、そして、

「もうこれで絶対に行けるでしょう」と確信した2017年春の計画も、当初は3人で行くはずだったものが、1人脱落し、2人脱落して、ついに消滅……。

その時、私は腹を決めたのです。

「もういい、1人で行ってやる」と……。

次の瞬間、私は躊躇うことなく手帳を開いていました。

「9月20日に出国、9月28日に帰国であれば可能だ」

ほどなく航空会社に電話、チケットを購入、私は演奏の当ても、宿泊先も、全く何一つ決まっていない状態で、ただフランス行きだけを決めてしまったのです。それが、5月22日のことでした。

石橋を叩かずに渡ろう

さあ、突然ですがここで復習、この手法に覚えはありませんか？

そうです！

第２章の「方法その４　ウサギとカメよりも早くスタートしておく」を使用した例といえるでしょう。

結局、「石橋をたたいても渡れない」というタイプの人が、大半なのですね。だから、

「自信がついたら」

「知り合いから理想の返事が来たら」

「周囲に理解してもらえたら」などと、自分の肩を押してもらいたがるのです。

そりゃあ１２０％安心できる状態で行けたなら、さぞかし楽だろうと思いますけどね。

ありがちなパターンですけど、もし私が、

「フランス語を完璧に話せるようになったら行こう」などと思っていたら、

「フランス滞在中の演奏スケジュールが全部埋まったら行こう」などと考えていたら、一体フランスには、いつ行けたと思いますか？　もしかしたら一生無理だったかもしれませんよ。

本当の優先順位と逆の立場を考えてみてください。

あなたは来日する外国人アーティストに対し、完璧な日本語の会話能力を求めますか？

日本語ペラペラなら当然助かりますが、相手に一番求めるところは言葉ですか？

そして名前も知らなければ、何月何日に来るのかも決まっていない外国人アーティストの演奏を、企画してみたいと思いますか？

冷静に考えれば、いずれも簡単にわかることですよね。ついつい自分を守りたいがために見失ってしまうのでしょうけど、冒険に不可欠な能力、それは本質を見極める能力と、踏み出す勇気なのではないでしょうか。

とはいえ、実は私も根本的に反省しなければならないポイントがあるのです。それは当初、「さすがに一人で行くのは難しいだろう」と、決めつけていたことです。

私自身のなかにも、やっぱり大きな甘えが存在していた。その弱い部分に、すぐさま気がつけていたなら、さらに早いスタートが可能だったことでしょう。

最低の姿を想像してみることの素晴らしさ？

最高の場面なんて稀有

「変なタイトルだなあ」と、お思いでしょう。普通は、

「最高の姿を想像してみる」と、書いてあるはずですよねえ。いろんな成功法則の本などにも、理想の未来を日常的に思い描くことが推奨されています。

もちろん正しいと思います。私も心がけています。

しかしその一方で、私は真逆の手法も併用しているのです。

それはなぜなら、そもそも私がイモムシとして育ってきたからにほかなりません。つまり、どんなに最高の姿を想像してみようとしても、長年蓄積したコンプレックスの残党らが、心のなかで邪魔をしてくるのです。

「いやあ、お前には無理でしょ」みたいに……。

だから私の場合、まず最高の姿を想像して、それがうまくいけばそのままに。そして、もし１００％信じ切れない時は、真逆に切り替えるのです。

最低の姿を想像してみる。

すると、不思議と妙な自信が湧き上がってきたりするのですよ。

実はフランス行きを決めた時も、この手法を使いました。

というのも、最高のフランスツアーを想像してみようにも、あまりに何も決まっていないがために、向こうで活躍する自分の姿なんて、全く浮かんでこなかったのです。

勇気が生まれる「最低」場面の想定

では、穴澤雄介の最低のフランスツアーとは一体何か……。

演奏の機会が一つもなく、観光ができるわけでもなく、現地で日本人と合流することもかなわない、そんな旅……。

次に、そのなかで可能な最低限のツアーを考えてみます。

私は普段から、飛行機に一人で乗り、国内の各地方へ演奏に出かけています。ということは……。

直行便を取れば絶対にフランスまでは辿りつけるはず！

フランス語は全く話せないけど、空港やホテルには英語を話せるスタッフがいるはず！

英語も得意ではないけど、空港からタクシーに乗り、ホテルまで行くことくらいはできるはず！

ホテルまで着けば、飲み物と食べ物を確保することぐらいは頼めるだろう！

だとすれば……。

私に何一つ予定が入らなかったとしたって、

「パリのホテルでワインとチーズに囲まれ、ひたすら練習と作曲に明け暮れる日々を過ごしてきたよ」なんて、そう語れるフランスツアーなら可能なわけか。それって……。

なかなか格好いいんじゃないの？

こんな風に、

「最低でもこれくらいはできる」という想像を積み上げて行くと、完全に不安が解消されます。あとは、そこから肉づけする一方、良くなって行く一方なわけですから、実に気楽なのです。

いかがでしょう。最高の姿を引き寄せる作戦に加え、最低の姿から積み上げる作戦も装備してみては……。

特に私と同じイモムシ育ちの方には、大変おすすめでございます!!

返事待ちの時間は作らない、そして!!

他人に頼りっぱなしにしない

さて、最低でもパリで曲作りの旅が可能だと確信した私は、そこから少しでも理想的なツアーになるよう構築する作業に取りかかりました。

演奏できる機会を一つでも多く得るための行動、あなたでしたら、まずどのように動きますか？

やっぱり自分に近しい間柄の人の中で、一番フランスにご縁がありそうな人に相談をもちかけますよね。私も手始めはそうでした。

フランス人と結婚している友人が2人いたので、まずはその両者に協力を依頼しました。けれども、ここで安心したり、止まっていては駄目なのです。私は知っているのです。なぜって、その失敗例を間接的に経験しているからです。一緒に行くはずだった仲間が、

「向こうに知り合いがいるから聞いてみるね」と期待をしつつ、

「いい返事がもらえなかったの」と断念するパターンを、私は見ていましたから。

「返事待ちなんてしていたら駄目だ」と、友人に頼んだことは忘れて、すぐに次の手段を考えました。

今度は、フランスで演奏した経験がある音楽仲間たちに、

「何らかの情報があったら教えてほしい」と連絡。その次は？

知り合いのなかだけで考えたら、かなり数は限られてしまいますが、知り合いの知り合いならば、何倍も可能性は広がるかもしれない、そう思いました。

そこでSNSを活用し、

「全盲のヴァイオリニスト穴澤の挑戦を応援していただけないでしょうか」といったタイトルで、情報提供を呼びかけました。

その次は、公的機関です。可能性は少ないかもしれないし、「突然そんな連絡?」と、変な顔をされそうだけど、まあ恥ずかしいのも一瞬ですからね。大使館関係、さらに視覚障害者関係の施設にも突撃電話をして回りました。

この段階に入ると、かなり作業量も増えてきました。ですので角度を変えて、今度はSNSで、一緒に作業を手伝ってくださる方たちも募集し始めたのです。「全盲のヴァイオリニスト穴澤の挑戦を応援してくださる方を募集します」と。

そして、さらに可能性は低くなるけれど、全く繋がりのない人からも情報提供や活動協力が得られるかもしれないと考え、このチャレンジを取材してもらって、いろんな人にこの計画が伝われればと願って、新聞社やテレビ局、ラジオ局等にも連絡を入れました。

何しろ、飛行機のチケットを購入して4ケ月後の出発でしたからね。とにかく必死に動きました。問い合わせや相談の連絡を入れて、その返事を待たずに、次から次へと新たに問い合わせをし続けるように心がけたのです。

ついに実現フランス演奏旅行

そんな、あの手この手の呼びかけが、実ったり実らなかったりを繰り返して、少しずつフランスツアーが充実。

おかげ様で、フランス入国と出国の日を除いた6日間の内の5日間、各地を演奏して回るツアーとなりました。

9月22日はパリ16区の日本食レストラン「山茶花（Sazanka）」でライブ。

こちらのお店は、最初に私の演奏をご承諾くださった会場です。オーナーの猪原美香さんはフルーティストでもあり、3曲ほど共演もさせていただき、とても和やかなライブになりました。

23日はナンテール市主催の「アソシエーション祭」の野外ステージにて演奏。初めて訪れたフランスで、このように地域のイベントで弾かせていただけたことは、実に貴重な体験でした。

24日はパリから電車で1時間のウーダンという町から、さらに車で20分、自然もたくさん残る町、アボンダンの友人宅のお庭で弾かせてもらいました。

地元のカントリーダンスのサークルの方々が聴きに来てくれて、私と同じカウボーイファッションに囲まれて、なぜかフランスで「古き良きアメリカ」の交流、面白かったです。

25日は、22日の演奏前に観光したノートルダム寺院で出会った、ストリートミュージシャンに同行。パリ市内のあちこちでストリートライブ。

まさにこれは即興ができるヴァイオリニストという道を選んだからこそ得られた共演で

した。

26日は、文化交流を通して日仏の相互理解を目的に活動している、「日仏アソシエーション Asuka」の主催による、ナンテール旧市街の「メゾン・ドゥ・ラ・ミュージック」での演奏と意見交換会。

ここは大変立派なホールでした。

完全にゼロからのスタートが、こんな風に出会いと偶然を重ね、これほどまでに大きな機会へと繋いでいただけたことに、感謝の気持ちでいっぱいになりました。

その他、ＥＢＵ「欧州盲人連合」の中央事務所や、ＩＮＪＡ「フランス国立パリ盲学校」の訪問も実現。もちろん各公演のための打ち合わせや、リハーサルなども詰め込みました。

「観光する暇がないくらいのツアーになれば」という私の理想は、見事にかなえられたのです。

大成功でした!!

次は南極でペンギンさん相手に！

と、そう聞くと、やることなすこと全てうまくいったように感じるかもしれませんが、全然そんなことないですよ。

徒労に終わったアクションも、山のようにありました。ですが、10回のアクションのなかの一つぐらいが当たれば幸運だと思っていれば、それが理由で諦めようなんて気分にはなりません。

また、たとえ実らなかったアクションについても、呼びかけに応じて動いてくださった方へ、失望感のない完全な感謝の気持ちで接することができます。それがきっかけで、さらに仲良くなれたりもします。

つまり、自分のなかで返事待ちの期間を設けないこと、同時にいく通りも可能性を模索すること、回遊魚のように動き続けること、それらによって身体的負担の数とは裏腹に、精神的には余裕の行動を取れる自分を得られるのです。

その後、私は２０１８年にシンガポールで、２０２２年にはアゼルバイジャンでも演奏をさせていただきました。

いずれも大きな国際イベントでしたから、サポートをしてくださる方が、最初からたくさんいらっしゃいました。

前述のフランスツアーを経験した私としては、もうかなり心のゆとりがありましたね。

演奏や演出の面でも、フランスで得た経験が大いに役立ちましたし、何の不安もなく自信をもって旅に出ることができました。

これからもチャンスがあれば、どんどん海外での演奏も増やして行きたいです。特に南極で……。

お客さんは、ペンギンしかいないかもしれないけど、近々南極でも演奏したいと、本気で考えている私なのでございます!!

見えない私から見たフランス

あふれるメルシー

さあ、ちょっとだけ息抜きをしましょうか。

ここでは、イモムシがどうのこうの、チャレンジがどうのこうの、そんな話は抜きにして、全盲の私の心の瞳に映ったフランスのお話をしたいと思います。

誰もが憧れるパリの都、歴史ある美しい建造物が街にあふれている反面、道端にはゴミが目立つそうで、

「上を見て歩けば綺麗なんだけど……」なんてぼやく、日本人観光客もいたらしいですよ!

私には、パリの美しい建造物を見ることはできません。反面、日本人観光客が落胆すると聞く、道端のゴミなども見なくて済みます。

果たして、どちらが幸せなのでしょうね。いずれにせよ、景観を楽しむことは不可能です。

そんな私が、フランス滞在で最も美しいと感じたものがあるのですよ。

何だと思いますか？

それは、フランスの人たちは日本では考えられないほど頻繁に、感謝の言葉を口にしているということです。

歩いていても、すれ違う時に道を譲り合っては「メルシー」、鉄道の改札で、先に通った人が次に通る人のために扉を支えてくれて「メルシー」

滞在中、メルシーの交換、メルシーのリレーに、私は何度遭遇したでしょうか。

街が古い分、例えば駅などのエレベーターが故障中で使えない、そういうアクシデントは日常茶飯事なのだとか。

日本だったら苦情の嵐となる事態ですが、それを人と人との支え合いで乗り越える。知らない人であっても、荷物をたくさん持っていたら、階段の上り下りを手伝ってあげる、親切な行為を当たり前のように行ない、支え合い、感謝し合う。そんなメルシー文化が、私にとっては心地よく、何よりも美しく感じられましたね。

ハードは日本、ハートはフランス？

ところで、視覚障害者のためのバリアフリー対応に目を向けてみると、空港や鉄道駅を歩いた限りでは、日本のほうが遥かに充実していると推察できました。いわゆる点字ブロックはパリ市内の駅でも少なく、全く敷かれていないホームもありました。音声による案内も、フランスは日本に比べて、極端に少ない印象を持ちました。

つまり、公共の場におけるハード面のバリアフリー化という視点で考えますと、なんだかんだ言っても、日本の技術や対応の素晴らしさを、改めて感じずにはいられませんでした。

けれども、心のバリアフリー化という視点で考えますと、やはりフランス人の意識は日本人よりも遥かに高いようでした。

歩行の際は道を空けてくれますし、鉄道の車内では座席や手すりを譲ってくれる人が本当に多かったですし、白杖を持っている人に対する接し方が、根本的に違う気がしました。つまり、ソフト面におけるバリアフリーは、フランスの圧勝と言えるでしょう。

私は、「どちらの国のほうがいい」という議論をするつもりはございません。

それぞれの国が目指す福祉の形、良さ、素晴らしさがあると思っています。ただお互いに学び合えば、もっと理想的なバリアフリー社会が完成することは明らかです。

そうした意味でも、今後さらに進み続けるであろう国際交流のなかで、ぜひバリアフリーの分野にも注目して外国を旅する方が増えたならと私は願います。

フランス単独ツアー最後の演奏は、ナンテール市内のホールで企画していただきました。ここでは、コンサートだけではなく、フランスの視覚障害者の方や、盲導犬支援の団体の方などと、意見交換会をステージ上で行なうこととなりました。

やはり、共通する問題もあれば、どちらかに存在する課題もあり、なかなか貴重な機会でした。

また、意見交換会の最後は、会場のお客様と私との質疑応答のような形になりましたが、会場からの質問が止まらず、

「日本では普通、こんなに手が上がらないよなあ」と、それにも驚きました。

鮮明に覚えている質問としては、

「日本は優れたロボット技術をもっている国だと聞いているが、視覚障害者をサポートするロボットは作らないのですか？」

「日本で視覚障害者は企業に就職できていますか？」といった質問です。

フランスの人たちの社会問題に対する興味、関心の大きさも実感できました。こうした機会も、次第に増えて行くことを期待したいですね。

全盲のユーチューバー、「穴澤雄介チャンネル」実現へのチャレンジ!!

恐るべきユーチューブ

２０１８年、新たにスタートさせた大きなチャレンジがあります。それは、なんと全盲のユーチューバーとしての活動……。

昨今では子どもたちの「将来なりたい職業」にもランクインするユーチューバー、きっと悪いイメージをおもちの方も少なくないことでしょう。

何を隠そう、この私もそうでした。ユーチューバーに対しても、ユーチューブそのものに対しても、かなりの嫌悪感を抱いていました。

「あんなものがあるからＣＤが売れなくなるのだよ」

「画面を見て体感した気になっているなんて大間違いだよ」

「ユーチューブを仕事にするなんて軟弱すぎる」など、それはそれは悪いイメージしかもっていなかったのです。

けれども、海外での活動を伸ばしたいと願い、実際に外国へ行ってみますと、その考えは一変しました。穴澤を知ってもらうための、そして穴澤を覚えていてもらうための最良の手段があるとすれば、現地に住む以外にはインターネットを活用するより他に有り得ない、そう思い知らされたのですよ。

２０１７年９月のフランスツアーの場合も、事前の資料として先方に提供したコンテンツは、全てユーチューブ上の私の演奏動画でしたし、２０１８年３月に、「シンガポール・インドアスタジアム」にて３日間開催された、「アジア太平洋障害者芸術祭」に出演させていただいた際も、現地の音楽プロデューサーが事前に私の演奏動画を調べて、穴澤の特色を活かしたパフォーマンスになるよう配慮してくれました。

そのおかげで現地でも大好評の、自分自身も大満足の音楽をお届けできました。そして、各国で演奏を気に入ってくださった方々からは異口同音に、

「動画とかやってないの？」と聞かれます。海外と繋がり、さらに繋がっておくためにも、「動画コンテンツの充実」は不可欠だと痛感させられたのです。

さらに、これは海外に限ったことではありません。国内での活動においても、年に一度しか伺えない地域や、今度いつ来られるか全く想像がつかない地域へ、講演や演奏に行くことは、決して珍しくないのです。

もしも、その貴重な機会のなかで、いくら穴澤を気に入ってくださる方に巡り合えたとし

ても、時が経つにつれて、悲しいことに自ずと感動の記憶は薄れていきます。やはり海外での活動と同様なのです。

毎日動画投稿の秘訣

それに加えて、私の普段の講演活動においては、中学生や高校生たちと出会う機会が非常に多いのです。そうした十代のみなさんとの出会いを無駄にしないために、どんなサービスを私は考えるべきだと思いますか。

「本とかＣＤも出しているから、お小遣いためて買ってね」と……。

そんな態度で接して、十代の子たちがついて来てくれると思いますか。

あり得ませんよね。

やっぱり、できるだけ同じ目線で語りかけて、可能な限り同じフィールドに立って関わり続ける必要があるわけです。その意味でも十代の子たちにも馴染みがあり、手軽に楽しめるユーチューブでの発信は最適だと思いませんか。

そんなわけで、現在私が行なっている音楽活動や講演活動にとっても、メリットばかりが浮かんで来てしまったわけなのです。

でも……、開始した一番の理由は、何より「面白そう!!」と、心ときめいたからでしょうね。視覚的に楽しませる要素が強い動画を、あえて全盲の人間が作ることによって、「これは新しい」と感じてもらえるコンテンツを生み出せるかもしれない。

もしも全盲のユーチューバーを確立できたなら、障害者の職域拡大という観点でも、可能性を見出せるかもしれない。等々、ものすごく夢が広がったのですよ!!

2018年2月1日から、私は動画を毎日欠かさず投稿しています。もうかれこれ5年以上になりました。開始した当初は、

「毎日なんて絶対無理でしょう」なんて、言われたりもしましたよね。まあ、その辺はマラソンの時と一緒ですね。ことごとく反対勢力には負けない、雑草のようにしぶとい私なのでございます。

「よくネタがなくなりませんね」と、いろんな人に言われるのですけど、ずる賢い私は、毎日続けられるように、ネタ切れにならないように、最初から工夫をして始めたのです。

実は曜日ごとに、日曜日は○○の時間、月曜日は○○の時間……、といった具合に、内容を曜日ごとにカテゴリー分けしたのです。

こうすれば、日によってある程度の縛りがあるので、その範囲で、

「今度は何ができるかな」と、ネタも考えやすくなります。

曜日ごとの企画ですから、少なくとも1週間は、同じような内容が続いてしまう心配もな

いわけです。

その結果、チャンネル視聴者さんには、毎日ご覧いただいたとしても、「マンネリ化しないチャンネル」、そう思ってもらえるのではないかと考えたわけです。

ヴァイオリンや音楽の豆知識をご提供する曜日、障害者としての経験や福祉情報を明るく楽しくご紹介する曜日、もちろんヴァイオリンやヴィオラの演奏をご覧いただける曜日もありますし、エレクトリック・ヴァイオリンの演奏をお届けする曜日もあります。

時には全盲の私が自撮りで撮影する動画があったり、見えないのに感覚だけでお絵かきにチャレンジしてみたり……。

動物に生演奏を聴かせてみたりもしましたねえ。時々ライブ配信もしていますよ。

その他、楽器や音楽で大いに遊んでふざける動画、講演や著書で述べていることを語る動画などもあります。

チャンネル内で使用している音楽は、全て自分自身で演奏、あるいは作曲、編曲した楽曲です。

くだらない日と真面目な日の差が、激しすぎるという噂もありますが、穴澤雄介の様々な一面を楽しんでいただけるチャンネルです。

それでは、ここにも私のチャンネルＵＲＬを載せておきましょう。ぜひ、あなたもチャンネル登録を、よろしくおねがいいたします!!

★穴澤雄介チャンネル

https://www.youtube.com/channel/UC2O7x9pOg-gYXfdGv5-xzhg?sub_confirmation=1

水泳にも、野球の始球式にもチャレンジ!!

できないままで終わりたくない

さて、フルマラソンの完走には及びませんけど、他にも色々スポーツチャレンジをしている私……。

ここでは軽く、それらにも触れておきましょうか。

第2章で少し書きましたけど、私は40歳になるまで泳げませんでした。

「泳げるようになりたいなあ」と思ったことは、何度かありましたが、心臓手術の大きな傷口というのもコンプレックスだったので、やはりプールに入る気には、なかなかなれませんでしたね。

でも、40歳になった時に、

「このまま泳げないで人生終わるのも、なんかいやだなあ」って、なんとなく思いましてねえ。それで、インストラクターを紹介してもらって、個人レッスンをお願いすることにしたのです。

傷口については、完全にコンプレックスが消えたわけではありませんけど、

「まあ、年齢も年齢だし、そろそろ気にするのもやめようかなあ」と、そう思えてきたのですよ。

とはいえ、40年分の水に対する恐怖心や苦手意識を崩すのは、並大抵のことではありませんでしたね。かなり大苦戦しました。それでも３年くらい習って、どうにか１５０ｍほど泳げるようになりましたよ!!

続いて野球の始球式……。

私は子どもの頃から、ラジオの野球中継を聴くのが大好きでした。プロ野球も高校野球も……。

夏の甲子園なんて始まってしまうと、朝から夕方まで高校野球を聴いて、そこからのプロ野球。12時間以上ラジオが鳴りっぱなし、そんなことも珍しくなかったり……。

けれども、マラソンや水泳ならチャレンジできますけど、さすがに私自身が野球をするのは難しいですよね。

ですが野球の試合と言えば始球式。

「始球式で一球投げるくらいなら、全盲の私でもできるのでは……」と、いつの頃からか、私は始球式で投球することが、自分の夢の一つになっていました。

「ヴァイオリニストという職種では縁がないかなあ」と思いつつも……。

しかし、ついにそのチャンスが巡ってきたのです。

2022年4月3日、大分県の「別大興産スタジアム」で行なわれる、「東都大学野球連盟、大分開幕シリーズ」の第1試合、「中央大学vs國學院大学」のオープニングで、私はヴァイオリンの演奏をさせていただくことになったのです。

「これはチャンス到来」とばかりに、始球式で投球するのが長年の夢だったことを、主催者に猛烈アピールしました。すると、その願いが受け入れられ、なんと実現することに!!

とはいえ、私の野球経験と言えば、まだ視力が十分にあった小学校時代の話です。それも空き地で友達と遊んだ程度、もちろんボールは軟式でした。

「これは大急ぎで35年分のリハビリをしなければ」と、野球に縁のある指揮者の友人に特訓を依頼。なかなか自分がイメージしているフォームと、実際のフォームが一致せずに大苦戦。

こういう時、鏡が見えたら本当に楽なのですが……。

それでも少しずつ修正、その後も毎日シャドーピッチングを自宅で続け、いざ本番へ!!

まずは演奏、この日のために編曲した、『Take Me Out To The Ball Game』（私を野球に連れてって）』を、ヴァイオリン独奏で弾きました。

実は私、メジャーリーグの中継のなかで、一番好きなシーンが、この曲を7回表終了時に、球場全体で、みんなで合唱するシーンなのです。

この曲と、夏の甲子園で歌われる『栄冠は君に輝く』は、何度聴いても涙腺を刺激されてしまいますね。

練習ではストライク、しかし……

さあ、そして次は始球式。

マウンドまで介助してもらい、右足をプレートにかけ、いよいよ投球……。

この時、ちょっと残念だったのはですね、キャッチャーとの事前の打ち合わせができなかったこと。

全盲の私としては、ホームベースも、キャッチャーミットも見えないわけですから、せめてキャッチャーの学生さんには、投球の直前に大きな声を出してもらったり、大げさにミットを叩いてもらったりして、ストライクゾーンを音で教えてほしかったのですよね。

しかし、今さら仕方がないので、球審の「プレイボール！」という声だけを頼りに、だいたいのストライクゾーンをイメージしながら、思いっきり投げ込みました。

スタジアム全体から「おお～！」と、どよめきが聞こえ、本当に気持ちよかった。ノーバウンドでキャッチャーまで届くことは、練習でも確認していたので、おそらくそれに対する観客の驚きの声だったのかと推察します。

ただ自分としては、もう少しコントロール良く投げたかったですね。投げた直後は、いい感じだったようですが、途中から強烈にシュートがかかってしまい、右バッターだったら完全にデッドボールだったみたいです。いやはや……。

実は裏話がありまして、試合前に1球だけ練習させてもらえたのですが、その時は完璧なストライクだったのですよ。若干いやな予感がしていました。

「ああ、練習でストライクを出してしまったかあ」と……。

よく高校野球で、ピンチを迎えた投手が、

「力んでボールにシュート回転がかかってしまっていますねえ」なんて、解説の方に言われていたりしますけど、あれってやっぱり本当なのですね。きっと私も、本番は無駄な気合が多少どこかに入ってしまっていたのだと思います。

とは言え、私の始球式計画、1回目としましては大成功でしたし、大満足でした。2回目の挑戦は、「ぜひプロ野球でも」と、心から願います。その時はもう、完璧なストライクを決めて見せちゃいますからね!!

チャレンジしたくなる自分を作る方法!!

チャレンジの一歩は好奇心の醸成

さて、第3章と第4章のまとめとしまして、最も大切なことをお伝えしましょう。

どうしてチャレンジなんて無理だと思っていた私が、チャレンジなんて極力避けたいと感じていた私が、極めて前向きに様々なチャレンジを行なえるようになったのか、フルマラソン完走や、フランスへの単独ツアー、全盲のユーチューバー実現なんて、無謀ともいえる計画まで実行できるようになったのか、その根本的な要因を分析してみたいと思います。

ここで一つ、あなたに質問です。好奇心旺盛な人は、積極的に挑戦できるタイプの人だと思いますか？

まあ、単純に考えれば、答は「イエス」ですよね。

そうです。好奇心が高まって行くと、自ずと色々なことに挑戦してみたくなってしまいます。

過去の私は全く自分に自信がなく、大きなチャレンジなんて、まるでできるわけもない人間でした。そんな人が、いきなり積極的に挑戦できるタイプの人になるのは、かなり困難です。でも、これは私の経験から断言できます。

好奇心旺盛な人へと自分自身を変化させることは、意図的に可能なのです。つまり結果的に、積極的に挑戦できるタイプの人にもなれるというわけです。それでは、その私の経験をご紹介いたしましょう。

穴澤、君は退学だぁ！

あれは高校に入学した直後の話です。

私は高校から音楽専門のコースへ進みましたので、西洋音楽史という授業がありました。その担当だったE先生との出会いが、私を大きく変えてくれました。

E先生ときたら、入学したばかりの私たち生徒に対し、まるでホラー映画のBGMにしか思えない、奇妙な現代音楽ばかり聴かせるのですよ。来る日も来る日も。

「君たちが知っているような音楽を聴かせても意味がないから」と言いながら……。

私たち生徒は、みんなうんざりしましてね。相手が先生だろうが先輩だろうが、納得できないことがあると、馬鹿正直に伝えてしまう不器用だった私は、ある日、

「なぜこんな音楽を聴かなければならないのですか?」と、E先生に質問してしまい、もちろん言い争いへと発展……。

それからというもの、西洋音楽史の時間は毎回のように私とE先生の喧嘩です。

「こんなぐちゃぐちゃな音楽を学ぶために入学したわけじゃありません」と私。

「穴澤、君は退学だ、退学だよ!」とE先生……。

そんな状態がしばらく続き……。

ところがある時、E先生は諭すように言いました。

「民族音楽を聴いていると、子守唄とされているものが子守唄に聴こえなかったり、祝い唄がとてもお祝いしているように想えなかったりするでしょう。それはなぜだかわかるかい?」

「それは私たちがその国で育っていないからじゃないのですか?」と私。

「そのとおりだよ、私たちがその環境で育っていないからだよ。つまり音楽に対する嗜好は、全てその人自身の記憶によって判断されているのだよ。これから音楽を学ぼうとしている君が、たくさん経験を増やして行かなければならない立場の君が、君のたった15年の記憶だけで、この音楽は良い、この音楽は悪いなんて、判断してしまっていいのですか?」とE先生。

その言葉に、私は何も言い返せませんでした。

雄介、そんな音楽やめてくれ！

「完全に自分が負けた」と感じると、逆に相手の言うことを全て聞いてみようとする、不思議な習性を持つ私は、それ以来、E先生の意見に素直すぎるほどに従ってみました。

E先生の話では、苦痛と感じる音楽も、朝から晩まで毎日聴き続けていれば、次第に心地よい音楽に変わるというのです。

私は次々と試しました。現代音楽、民族音楽、能楽……。自分のなかで、「拒否反応が出ている」と思う音楽を見つけてはカセットテープにダビングして、それを朝から晩まで、食事中も、お風呂中も、歯磨き中も流し続けました。

「雄介！　お願いだからその音楽やめてくれ!!」

そんな父の頼みも無視して、私は聴き続けました。

すると、どうでしょう。

大半の音楽は3日目くらいで拒否反応が出なくなり、1週間もすると良さが見えて来て、そのうち自分から欲する音楽に仲間入りするのです。

私は驚くと同時に面白くなってきましてね。聴けない音楽がなくなって行くことが楽しくなり、逆に今まで聴いたこともない音楽を、未だに拒否反応が出てしまう音楽を見つけることに喜びを覚え、それらの克服作業が、たまらなく好きになりました。

そして、そのおかげで現在の穴澤雄介、音楽への好き嫌いが全くなく、様々な音楽ジャンルに携われる穴澤雄介が形成されたのです。

挑戦は些細なことから始める

と、ここまで読んだあなたは、

「でもそれって音楽に限った話でしょう？」

そう思うかもしれません。いいえ、それがそうでもなかったのですよ。

最初は確かに音楽だけのことでした。しかし、私は生活全般においても、知らないことを知りたい、体験していないことを体験したいという欲が、どんどん芽生え始めたのです。知らない物を食べてみたい、飲んでみたい。知らない場所へ行ってみたい、知らない人に会ってみたい……。

音楽にすら好奇心の薄かった私が、無理やり自分に対し音楽への好奇心を煽り、やがて音楽から分離しても好奇心はひとりでに進み続けた。故に、これは誰にでも意図的に応用できる方法に違いありません。

もしあなたが、好奇心旺盛な人になりたければ、積極的に挑戦できるタイプの人に生まれ変わりたければ、つまらないこだわりを捨てて、食わず嫌いを改め、「チャレンジ」なんて呼べないくらいの小さな小さな挑戦を、意図的に次々と、積み重ねるように生活すれば、次第にあなたは変わります。

ほんの些細なこと、無理なくできることからでいいと思います。

いつもの蕎麦屋さんで、月見蕎麦か天ぷら蕎麦しか食べていなかったなら、山菜蕎麦にしてみる、今度は鴨南蛮に、やがてメニュー全制覇に挑戦する。

いつもと違う道順で、手段で帰宅してみる。今まで着たことのない色の服を選んだり、髪型を変えてみる。うまくいく時も、うまくいかない時もあるでしょう。でも些細な挑戦であれば、些細な失敗で済みますよね。

笑って終わり、逆に誰かに話して笑いを取るネタとして使えるかもしれませんよ。そして、失敗慣れしておくことも、すごく重要だと私は考えます。

小さな段差を次々と登れるように変化したあなたには、必ず勢いがつきます。その勢いを使って、大きな段差をも乗り越えられるあなたが、いつの間にか形成されているはずです。もっともっと私も勢いをつけたいと思っています。

スカイダイビングにも挑戦したいし、南極行きも実現させたい。あまりにも寒すぎて数秒しか弾けないかもしれないけど、それでもいいから地球の端っこでヴァイオリンを演奏してみたい。老後は軽井沢でヴァイオリンバーを開店し、名物マスターに……。

私の好奇心は拡大する一方、だからチャレンジも止まりません。

さあ、あなたも意図的に好奇心を旺盛にして、積極的に挑戦できる人へ生まれ変わりませんか？

焼物に挑戦

第5章 より羽ばたくために、より輝くために!!

高校時代に大好きだった女の子の名言をシェア!!

入院中、ある女の子に聞きました

私は高校3年の時……。

体育の授業中に右眼を負傷し、摘出手術を受けました。実にショッキングな事故でしたが、その入院先の病棟で、とても素敵な女の子に出会うことができたのです。

彼女は、いつでも明るく、コロコロと笑い、誰にでもやさしく、病棟のみんなから愛されている、マスコット的な存在でした。年齢も性別も関係なく、誰もが彼女を好きでした。

そして私も……、本当に大好きでした。

私は、その女の子からリクエストがあり、入院中、点字を教えてあげることになりました。

それで私は、より彼女と近しくなれたのです。

私が先に退院しましたが、その後も通院の度に病棟へ面会に行き、やがて点字の手紙のやり取りや、電話もする仲になりました。

その頃、私は右眼を失って、残された左眼の視力も、低下の速度が早まりつつありました。

そして彼女も片目を失明し、入院していたのです。

もう片方の目の視力は、はるかに当時の私より高かったと推察できますが、同じく両目の失明の危機に怯えていたはずです。

ある日、私は彼女に聞いたことがあります。

「ねえ、どうして○○ちゃんは、そんなに自分がつらい状況にあるのに、みんなにやさしく、いつも明るくいられるの?」と……。

純粋に不思議でならなかったのです。しばらく考えた後、やはり変わらぬ笑顔で彼女はこう答えました。

「私はね、私の周りにいる人、みんなに幸せになってもらいたいから。それでね、みんなが幸せになったら、みんなからちょっとずつ、ちょっとずつ幸せを分けてもらって、最後は私が一番幸せになっちゃうの!」

そう言って、またも彼女は明るくコロコロと笑うのでした。

あれから30年も経っているのに……

いかがでしょう。こんなことを言われたら、一瞬で恋してしまうと思いませんか?

高校生だった私には、あまりにも衝撃的な言葉でした。なんて素晴らしい発想だろう、なんて美しい生き方だろう……。

こんなに尊敬できる女の子が、この世にいるなんて……。

あまりの感動に、私は返す言葉が見つからなかったことを覚えています。

えっ？　その恋はどうなったのかですって？

いやいや、もう完全な私の片思いのままで終わりましたよ。私は高校生でしたけど、彼女は4歳年上で、既に社会人でもありましたし、相手にもされないだろうって、当時は最初から諦めちゃってました。

けれども、この時にもらった彼女の言葉は、未だに私の宝物となっているのです。

周りの人たちを幸せにすることこそが、自分の幸せに繋がる。これは、音楽家として生きる私の基本理念になりました。

とはいえ……、あれから30年も経っているのに、まだまだ彼女の域に達することができずにいる、情けない私でございます。

とても小さく、とても大きなコンサート

ヴァイオリンを弾けなくなった……なぜ？

あれは、私が29歳の時です。3度目の心臓の手術を受けるために入院していた、神奈川県

の大和成和病院での出来事……。

その年のお正月明けの深夜に、急激な身体の不調を覚え、救急車で病院へ運んでいただいた私は、色々な検査を受け、心臓が弱り果てていることを発見されてしまいました。

実は、高校2年の時分に2度目の手術を受けて以降、心臓の検診をサボり続けていたのです。

「このまま放置していたら、1年半以内に突然死しますよ」

そう指摘され、私は現実を直視せざるを得なくなりました。そこで仕方がなく、手術先を探すため、あちこちの病院を回った結果、一番信頼できると感じた名医が、当時は大和成和病院におられた南淵明宏先生だったのです。

私は少し贅沢をして、入院は個室を選びました。

全盲の私が病棟内を歩くと、看護師さんや他の患者さんたちに心配をかけてしまうでしょうからね。その点、トイレもシャワーもついている個室なら私も気楽です。

そして何より、個室だったらヴァイオリンの練習も、多少できるのではないだろうかと考えたのです。案の定、消音器と呼ばれる楽器の音量を抑制する器具を使えば、個室での練習が可能でした。

入院してから手術を受けるまでは、確か10日間くらいありましたかね。その期間は検査や医師からの説明などがあるものの、かなり暇なのです。ですから、ヴァイオリンを練習する時間なんて、当然たくさんあったわけですが……。

どういうわけだか、練習に身が入らないのです。

どんなパターン練習をしても集中できず、どんな曲を弾いても気持ちが乗らず、結局少しの時間で練習を止めてしまうのです。

なぜでしょう。自分でも理解に苦しみましたが、次第に原因がわかり始めました。それは……、ヴァイオリンを弾く理由を失ってしまったから。

格好つけるわけではありませんが、そもそも私がヴァイオリンを弾く理由は、生きるためなのです。おそらく、

「生きるために弾く」という目的においては、私は他のヴァイオリニストより、深刻であり真剣であると断言できるでしょう。

そもそも視力低下や、その後の様々な状況の中、音楽が唯一の仕事、収入を得るために残された、最後の手段でした。選ばざるを得なかった道と言っても良いでしょう、他の選択肢など全くありませんでしたから。

「私はヴァイオリニストに向いている」そう思ったわけでもないです。

向いていようが向いていまいが、私は音楽で収入を得なければならなかった。だから「誰

かのために弾く」というヴァイオリンが、私における通常のヴァイオリンなのです。

従って、次の演奏の予定もない、もしかしたら命さえなくなるかもしれない状況のなか、練習に対するモチベーションなど上がるわけもなかったのです。

「穴澤さんってヴァイオリニストなんですよね？　今度聴かせてください！」

私の個室に来る看護師さんの何人かから、そんなおねだりを言われましたが、私の気分は一向に上がらず、

「興味半分で言われても」と、逆に不快感さえ覚える状態でした。基本的にお調子者の普段の私だったら、

「もちろんです！　喜んで！」などと言って、即了解したでしょうにね。

当然のことながら、私は音楽を愛しておりますし、ヴァイオリンも嫌々弾いているわけではありません。ですから、暇な病室内では、さぞかし自分への癒しとしても、楽しみとしても、練習に没頭できるだろうと信じていたのです。それなのになぜ……。

ただただ自分の状態に、孤独感を覚えるだけでした。


ところが……。

患者さんのために弾いてください！

入院から1週間ほど経過したある日、それまでとは全く違うタイプの看護師、Iさんが現れたのです。Iさんは私の病室内にやって来ると、

「穴澤さんって、ヴァイオリニストでいらっしゃるのですよね？」と聞いてきました。私は内心、

「またですか」と思いました。しかし、次にIさんの口から発せられた言葉は、それまで聞いてきた台詞とは全く異なるものだったのです。

「実は、この病棟って長期間入院していらっしゃる患者さんも多いのですよ。入院期間が長引くと、やっぱりそれだけでストレスを貯めてしまっていると思うのです。それで、もし穴澤さんさえよろしければですけど、そうした患者さんのために、待合室でミニコンサートをしていただけないでしょうか？」

それを聞いた瞬間、私の心の中で、萎れてうなだれていた花が、一気に水を得て伸びていくのがわかりました。

「もちろん喜んで、ぜひ演奏させてください！」

私は即答しました。

何人もの看護師さんが、

「ヴァイオリン聴いてみたい！」と言うなか、IさんはIさん自身の興味や満足のためでは

なく、患者さんたちのために演奏をお願いしに来てくれたのです。

その行動に、私は感動と尊敬の念を抱きました。そして何より、音楽家としての役目を授かり、頼ってもらえたことが、本当に嬉しかったのです。

それからの私は、俄然やる気が出て、生き生きと病室練習に励みました。

もしかしたら最期の演奏になるかも

ミニコンサート開催は、私の手術前日に決定。手術を担当してくださる南淵明宏先生からは、

「まあ前日ですし3曲まででお願いしますね」と念を押されて、胸には心電図モニターをつけたまま演奏しなければなりませんでしたが、それでも私の気持ちは、完全にヴァイオリニストに戻っていました。

開場は病棟内の小さな待合室、衣装は病院指定の入院着、お客様は数名の入院患者さんと病院スタッフさん……。

たった3曲を、1音1音大切に味わいながら、噛みしめるように奏でたことを、鮮明に覚えています。

「万が一、明日の手術で何かあったら、これが私の最期の演奏になるのか」

そんな思いもありました。ただ同時に、

「もしこれが最期の演奏になるのだとしたら、こんなに素晴らしい舞台はほかにないだろう」

そうとも確信できたのです。私は人生の瀬戸際でも、音楽家にしかできない役目を全うさせていただける。それも同じ痛みを抱える方たちのお役に立てるなんて、こんなにありがたい最期はないと……。

涙する患者さん。

何度もお礼の言葉をおっしゃる患者さん。

明日の手術を応援してくださる患者さん……。

優しく幸せな空気に包みこまれた、ささやかで温かなコンサートは、わずか15分で終わってしまいました。それでも私は、大満足でした。

晴々とした気持ちで病室へ戻り、その満たされた心のまま、翌日の手術を受けることができました。

もう一つの可能性。人は人のために生きる

いうまでもなく、手術が無事成功したからこそ、こうして私は本を書いているわけで、あの待合室でのコンサートは、私の最期の演奏にはなりませんでした。手術を担当してくださった南淵明宏先生には、心から感謝しています。

私の命の恩人です。

しかし、もう一人、私は看護師Iさんのことも、命の恩人だと思っているのです。

入院中、ほぼ消えてしまった私の音楽家としての生命を、見事に復活させ、さらに新たな使命を与えてくださった方だから。

あのコンサートをきっかけに、私には音楽家としての生き方が増えました。

もう一つの可能性に、触れることができたのです。

社会に貢献できる音楽家になろう！

こんな人生だったからこそ、誰かの救いになれることもあるかもしれない。上手に言葉にできないのですが、私はそれが、いただいた命への、生かされた命への、そして今までの人生への、最高の恩返しであり、最大の有効活用なのでは、そんな風に感じられたのです。

あなたも、こんな風に感じたことはありませんか。

誰かに食べてもらうための料理だったら、頑張って作れるのだけれど、自分だけが食べるための料理だと、ついついおろそかにしてしまう。まあ、当然と言えば当然ですけど、これは一体なぜなのでしょう。頑張って美味しいものを作ったのならば、全部ひとり占めしても良いはずなのに……。

そうです。誰かの笑顔に出会うためのパワーは、自分自身の満足のためのパワーをはるかに超えるのです。つまり……。

もしあなたが、

「最近やる気がでないなあ」などと感じているとしたら、自分への投資を考えることから離れて、周りの人たちを幸せにするために動いてみてください。

遠回りのように見えても、それがあなた自身の幸せのための近道にもなるはずです!!

被災地支援チャリティ活動

あの地震

２０１１年3月11日、東日本大震災発生のあの日、私は東京の自宅から徒歩数分のところにある調剤薬局で、心臓の薬ができあがるのを椅子に座って待っていました。

比較的地震に敏感な私は、すぐに小さな揺れに気がついた。ですが、最初の感じでは大きな地震に繋がるような揺れに思えませんでした。

ところが、どうでしょう。その小さな揺れは、なかなか終わらず、さらに揺れ幅も少しずつ少しずつ大きくなっていったのです。

やがて薬局全体が、ミシミシと音を立て、陳列棚の商品も、バラバラ落ち始めました。

「これって外に出たほうが安全なんですかね？」と私、「いや上の階から何か落ちてくるかもしれませんし」と薬局の人。

しばらく会話ができてしまうくらい、揺れが続きました。少なくとも私が経験したなかでは、圧倒的に一番大きく、そして長い地震でした。ですから、当然関東地方の大地震かと思ったのです。

しかし、薬を受け取り自宅へ向かう途中、道端の人たちが、

「東北で震度７」と、噂しているのを耳にしたのです。

「あんなに長く大きな地震だったのに、東北はもっと揺れたなんて」

それを想像すると、恐怖で仕方ありませんでした。帰宅してラジオをつけると、時間の経過とともに次々流れる悲劇的な知らせ……。

そして、とめどなく続く余震……。

もはや揺れているのか揺れていないのか、その判断さえつかなくなる感覚に襲われました。震災当日の夜のライブは、当然中止となり、翌日からは自粛による演奏依頼の取り消し

の電話が相次いで入ります。

自分にできることとは

すっかり私は、精神的に疲弊してしまいました。けれども東北地方のみなさんは、もっともっと過酷な環境と、とても不安な状況の中で過ごされている……。

それを思うと、はるかに私は恵まれているのです。私は被災地の今後や、日本の将来について、自分なりに想像を巡らせ、立ち上がろうと決意しました。

「こんな状況の中、私にできることは一体なんだろう？」

すごく悩みました。私の父は福島の出身でした。ですから、東北には親戚も多く、身近に感じていた地域でもありました。その東北が苦しんでいるのです。

「何かできないだろうか」

「何か恩返しがしたい」

私が健常者だったら、がれきの片づけでも炊き出しでも、どんなことでも手伝いに行けるのに……。

結局こんな時に、私は社会の何の役にも立てないのか、そう考えると、自分に対して腹立たしいやら情けないやら、もう悔しくて悔しくて落ち込みます。

それでも、何か私にできることがあるはずだ、そう信じてまた悩む、それを何度も繰り返した数日後……。

まず私は、今の自分の率直な気持ち、つまり、

「こんな私ですが東北を想って心から応援したいと願っているのです」という気持ちを、音楽で描いてみよう、作曲しようと決断しました。

作った楽曲が、何かの役に立つのかどうか、そんなことは一切わかりません。それでも、とにかく思いつくことから、何でもやってみようと思ったのです。

次に、被災地へ演奏を届けに行くのは全盲の私では難しいかもしれないけど、東京近郊で義援金を集めて送るためのチャリティコンサートだったらできる。そう考え、インターネット上で広く呼びかけました。


現在義援金を集めるためのチャリティ演奏のご依頼を受け付けています。

もちろん私へのギャランティなど、考えていただく必要は全くございません。近所の方々を集めるだけのホームコンサートでも大歓迎です。会の趣旨が音楽でなくてもかまいませんし、何かのイベントの1コマでもよいのです、1曲だけでもよいのです、募金活動さえさせていただけるなら、演奏時間や音響条件などは一切問いません。

どうかどうか力を貸してください。皆様からのたくさんのチャリティ演奏のご依頼を、心からお待ちしております。

さらに、2011年が終わるまでの間、ライブ会場でのCDの売り上げの20%は、義援金に回すことに決めました。久しぶりのボランティア演奏、どうせやるなら、少しでも力になれるものにしたかったのです。その結果……。

自粛による演奏キャンセルの連絡が続いていた私の携帯電話は、チャリティ演奏の依頼で、再び連日鳴りっぱなしの状態になりました。

結局1ケ月ほどの期間内に、30数本のチャリティ演奏を行ないました。ホームコンサート的な小さなものから、外資系企業主催の大きなものまで、1日3カ所回った日もありました。

その間、被災地のみなさんへ自分の気持ちを綴った楽曲、『共助（私にできること）』を作曲。一連のチャリティ活動の象徴的な、そして穴澤雄介の代表的な1曲となり、元々この年リリースする予定だったCDに、急遽収録する運びとなりました。

250万円ほどの義援金、寄付金を送ることができました。夏以降は、被災地へも演奏に行く機会が増え、そのご縁は未だに続いています。

誰かのために生きる

震災の数日後、東北を想って立ち上がろうと決意してからは、ひたすら動き続ける日々となり、体力的には疲労困憊した時もありましたが、精神的には大変充実していました。動き続けていたから、余震を感じる回数も格段に減りました。

では、もし私が何の決意もしていなかったなら、一体どうなっていたでしょうか。

重なる演奏キャンセルの電話に落ちこんで、演奏の予定もないから孤独に家に閉じこもり、暗いニュースと続く余震に怯えて、この運命を恨むだけの日々だったのではないでしょうか。

被災地で出会った別のボランティアの方々からも、度々聞かれる言葉でしたが、救われたのは私自身だったのです。

本当にそうだったのです。

「誰かのために」と思い生きること、それは自分自身に、生きる許可を与えてあげられる行為でもあると私は知りました。

その後、2016年に発生した熊本地震の際も、同様の活動を行ない、2018年の西日本豪雨災害のチャリティーにも携わらせていただくこととなりました。

そして2023年2月に発生したトルコ・シリア大地震においても、何か少しでも支援ができたらと考え、ささやかではありますが、「チャリティユーチューブライブ」という形で、オンラインでの演奏を自主的に行なって、募金のご協力を呼びかけました。

こんな私でもお役に立てるのでしたら……、喜んで捧げます。これまでも、これからも。

NHKラジオでパーソナリティに!!

やはりラジオは大好き

2020年に入り、新型コロナウイルスの感染拡大が報じられ、ライブや講演は、キャンセルが続出。私は幸い、すでにユーチューブチャンネルをもっていましたので、それを活かしてオンラインライブをしてみたり、オンラインレッスンをしてみたり、作曲や編曲の仕事を受け付けたりもしながら、どうにかこの期間を乗り切ろうとしていました。

音楽家にとっては、なかなか難しい状況が、しばらく続きましたよね。

そんな中、大変ありがたいタイミングで、私にラジオのパーソナリティのお話が舞い込みました。NHKのAM第2放送でオンエアされている、福祉のコンテンツ、視覚障害ナビ・ラジオ『リンク・スクエア』という番組です。

実は、「視覚障害ナビ・ラジオ」に変わる以前の、『聞いて聞かせて』という番組では、私の自作曲が2年間、番組テーマ曲として使われていました。そんなご縁もあって、何回か出演させていただいていました。

ですがそれは、あくまでもゲストとしての出演でしたからね。パーソナリティとなると、全然違います。

私は子どもの頃から、本当にラジオが大好きでした。音楽家になり、ゲストとしてラジオ出演の機会をいただく度に、

「やっぱりラジオは楽しいな」と心弾みました。震災のチャリティ活動をしていた関係もあって、宮城県亘理《わたり》町の臨時災害放送局「ＦＭあおぞら」で、２０１５年の4月から1年間だけですが、パーソナリティをさせていただきました。

『穴澤雄介のいちご畑と青い空』という番組で、毎週日曜日30分間の放送でした。

もちろん毎週末、東京から亘理へ通うわけにもいきません。機材を購入し、使い方を教えてもらい、自宅で毎週30分間の番組を収録・編集し、ＦＭあおぞらへインターネットで放送データを送る。

その作業を1年間、自分一人で行なっていたのですよ。

「パーソナリティ」兼「プロデューサー」兼「ディレクター」兼「放送作家」兼「技術」兼……。

とても大変でしたけど、ラジオ愛のほうが勝っていたので、夢中で番組を作り続けましたよね。この作業のおかげで、かなり鍛えられましたね。どうやら、その経験もあってＮＨＫラジオから私にオファーが来たようなのですよ。それはそれは嬉しかったです!!

多くのリスナーに支えられて

とは言え、２ヶ月に１回の30分番組でしたから、ラジオ好きの私にとりましては物足りない感じだったのです。

「いずれこの番組を月１回の放送に格上げさせたい」というのが、当初の私の目標でした。しかし、その目標はリスナーさんのおかげで、比較的あっさり達成できてしまったのです。１年後の２０２１年度からは、毎月第１日曜日の放送に変わりました。全国放送ですから、みなさんも聴いてみてください。

『視覚障害ナビ・ラジオ』は、見えない人、見えにくい人のための情報番組です。もちろん健常者のリスナーさんもたくさんいます。いろんな方にお聴きいただきたい内容です。

私が担当している『リンク・スクエア』は、リスナーさんから寄せられたメールや、声のおたよりを元に、様々なトークを繰り広げていく双方向番組。

弱視のパーカッショニスト、富田安紀子ちゃんとの「アナ・アキコンビ」で、明るく楽しく、毎月お届けしています。

視覚障害当事者からの悩みや便利情報、健常者からの疑問や質問、エンディングに流れる音楽のリクエストなど、どんなおたよりも大歓迎です。みなさんも、ぜひ番組にご参加ください。メールいただけましたら感謝感激です!!

★「視覚障害ナビ・ラジオ」ホームページ
http://www.nhk.or.jp/heart-net/shikaku/list/detail.html?id=47261

ＮＨＫ総合テレビで、まさかのスポーツコメンテータ?

なぜか私がスポーツ番組に

２０２１年からは、ＮＨＫ総合テレビに、なぜかスポーツ関連で出演しています。

まずは、「東京２０２０オリンピック・みんなでハイライト」という、ユニバーサル放送で、その週の競技のハイライトを様々なゲストと語り合う番組。

実は私、異常なスポーツ好きでして、オリンピックなんかが始まってしまうと、一日中チェックしてしまうような人なのです。

例えば、ラジオ中継のソフトボールを聴きながら、テレビ中継の競泳も観戦する……。

そんな具合です。それだけに、このオファーが来た時は、

「よし、私の本領発揮だ！」と、大いに喜びました。

この番組での私の役割は大きく2つ。

一つは、各競技へのコメント。例えば、印象的だった競技のVTRの後に、

「穴澤さん、いかがでしたか？」と尋ねられ、自分の感想をお伝えする。

元々スポーツ中継を聴くことが大好きな私は、水を得た魚のように、べらべらとしゃべってしまいました。

想像以上に、私が熱く詳細に競技のことを語ったからでしょうね。終了後のスタジオで、司会の久保田祐佳アナウンサーから、

「競技の結果は全部穴澤さんから教えてもらいたいくらいです」と言ってもらえて、かなり有頂天になっちゃいました（久保田さんの大ファンでもあるので）!!

もう一つはヴァイオリン演奏。

オープニングのゲスト紹介の時にも、ご挨拶の前に少し弾くのですが、何と言っても面白かったのは、無茶ぶり演奏コーナーでしょう。

例えば、柔道のハイライト紹介の後に、

「穴澤さん、柔道での日本選手たちの活躍を音楽にすると、どんな感じですか？」とふられ、

柔道を15秒程度の音楽に変換し、演奏するのです。

これはもう、私が作曲や即興をやっていなかったら、まず不可能な企画だったと思います!!

次々とオファーが

そんな、楽しかった番組、2回目の出演が終わって、

「寂しいなあ」と思っていたスタジオの帰り際、次なるオファーをいただいたのですよ。

「穴澤のスポーツ好きは本物だ」と、感じてもらえたのか、ヴァイオリン演奏が好評だったのか、本当の理由はわかりませんけど、

「今度はパラリンピックが始まるので、そちらにもぜひ!」と、お声がけいただいたのです。

最高に幸せでした!!

パラリンピックのほうは、「東京2020パラリンピック・あさナビ」という番組で、パラリンピックの楽しみ方や、その日の見どころなどを紹介する内容でした。

この番組は、パラリンピックの期間中、10日間ほど放送がありました。当初は、

「穴澤さん、2日間お願いします」と言われていたのですが、それが、

「4日間お願いします」に変わり、最終的には10日間の内の7日間も出演させていただきました。

番組終了後のスタジオで、私は車いすバスケット用の車いすに乗らせてもらったり、初めてのボッチャを体験させてもらったり……。

スポーツ好きの私にとっては、本当に夢のような時間でした。

翌2022年、各2回ずつ、計4回放送があった「北京オリンピック・みんなでハイライト」「北京パラリンピック・みんなでハイライト」にも、全て出演させていただくことになりました。

この時の一番の大仕事と言えば、やはりフィギュアスケートの羽生結弦選手が4回転アクセルに挑んだ、フリーの演技の解説を任されたことですね。

それまでのコメントとは比べ物にならないくらい放送枠も長かったですし、何より社会的な注目度も極めて高かった演技ですから、責任重大でした。

それでも、無事に役目を終えることができ、また羽生選手のファンの方たちにも大好評だったそうで、インターネット上に、

「今までの解説の中で一番よかった」などの書き込みが寄せられたとのことでした。

「音楽家の立場で分析する」という視点も、きっと斬新だったのでしょうね。

それもこれも、全盲の私にこの大役を任せてくださり、一緒に解説を作り上げ、練り上げ、応援してくださった、プロデューサーさんやディレクターさん、スタッフさんたちのおかげ

です。心から感謝しています!!

その他、私のコメントの中では、なぜか「変なたとえ」が好評でした。

ボッチャのボールの感触を聞かれ、

「まるで萎びたグレープフルーツのようです」と答えたり、フェンシングの剣の細さを、

「うどんの乾麺くらいの細さですね」と答えてみたり……。

私としては無意識に発した言葉だったのですけどね。北京の時には、

「いつもの面白いたとえを期待しています」なんて、言われるようになっちゃいましたね。

それから、無茶ぶりヴァイオリン演奏のほうは、どんどん無茶ぶり度合いが増して行きました が、

「大変!」と言いつつも、すごく自分らしい仕事ができている喜びを感じましたね。

今後も、自分自身のスポーツチャレンジに加え、スポーツファンとしてお役に立てる機会も、積極的に増やして行きたいです!!

そして憧れの相撲解説者と対談!!

舞の海さんとの出会い

ところで、大のスポーツファンとして嬉しすぎる出会いが、２０２２年の3月にも訪れました。それは元小結で、現在相撲解説者として大人気の、舞の海秀平さんとの出会いです。

２０２１年の9月に、穴澤雄介のドキュメンタリー映画を制作するという計画が、永田陽介監督を中心に浮上。ほどなく撮影がスタートし、順調に作業が進み、「映画のナレーションをどなたに頼むべきか」という打ち合わせが開かれました。

俳優さんや声優さんの名前も上がり、スポーツ選手の名前も出始めた段階で、「舞の海さんは？」というご提案を、制作側の方からいただいたのです。

「それ絶対に良いです！」と、私は興奮気味に即答しました。

舞の海さんの解説はラジオやテレビの大相撲中継で聴いていて大好きでしたし、お声も大変魅力的です。

しかし、一番の即答の理由は、この映画で投げかけているメッセージを、つまり私が普段の講演でお伝えしている考えを、土俵の上で既に成し遂げていらっしゃる方だと尊敬していたからでしょう。

　現役時代、身長１６９㎝、体重97㎏と、非常に小兵でありながらも、技のデパート、平成の牛若丸と呼ばれ、小結まで登りつめた、いわば小さな大力士です。

　そこには並々ならぬ努力と、創意工夫があったはずです。それ故に、今回の映画のナレーションをしていただく方として、最もふさわしく、最も理想的な方ではないかと、私は思ったのです。

　けれども、単にナレーションをお引き受けいただくだけでは……。

　私は舞の海さんにお会いできないわけです。やっぱり私としては、どうしてもお会いしたい。そこで、「映画の中に舞の海さんと穴澤の対談シーンを入れませんか」と、永田監督に猛烈なアピールを、ちゃっかりとしてしまったのです!!

　舞の海さんとの対談が実現するその日、私は楽しみす

舞の海さんとの対談

ぎて、顔のニヤニヤを抑えるのに必死でした。監督からは確か、「30分くらいで」と言われていたでしょうか。

でも、聞きたいことが山のように出てきてしまい、その会話も面白すぎて、なかなか止めることができませんでしたね。

相撲の話もたくさん聞かせてくださいましたし、人生についての考え方も色々と教えていただきました。

そして舞の海さんのほうも、私の著書を事前にお読みくださったそうで、様々な質問を投げかけてくださり、実に素晴らしい対談となりました。

結局……、1時間以上お話させていただきましたよね。映画には、ほんの一部しか出てきませんけど、

「これは対談映画でも良いのでは？」とさえ思ってしまう、そんな対談でした。

舞の海さんの解説の魅力とは

私は、舞の海さんの相撲解説で、明確に好きなところが二つあるのです。

一つは、とても理論的であること。

「気合で優って」や、「気持ちで負けている」などの、精神論で片付ける解説が少ないので、

わかりやすいのです。

もちろん、メンタル面が大切なことは知っています。でも、ラジオのリスナーとしては、それだけでは力士の様子はイメージできないのです。

精神論だけで良いのなら、全ての取組が、気合や気持ちだけで説明できてしまうことになります。舞の海さんは、

「○○は××を選択すべきでしたねえ」と、具体的に解説してくださるので、イメージしやすいのです。

また、ご自身の考えを、はっきりとおっしゃる語り口も良いですよね。最近では社会全般的に、

「○○だとはおもうのですけど……」といった、常にお茶を濁すような形の言い方をする人が増えてきて、すっきりしません。

まあ、そんな表現が目立つようになってしまった背景には、人の発言に、すぐクレームをつけたがる視聴者の存在があるからなのでしょうけどね。

そして、舞の海さんの解説の好きなところ、もう一つは、土俵が目に浮かぶ解説。

「直径4m55㎝の土俵をどのように使うか」ですとか、

「仕切り線の間隔は70㎝あるわけですからね」といった、データを盛り込んだ説明を、度々

してくださいます。

私たちのような視覚障害者はもちろんのこと、ラジオであれば健常者であっても視覚情報はありません。こうした解説が入ることで、改めて鮮明に土俵を頭の中に思い浮かべられるのです。相撲初心者の方には、豆知識にもなりますしね。

では、なぜ舞の海さんは、このような解説ができるのでしょう。

やはり現役時代、周りの大型力士たちと同じような相撲を取っていても勝てないと感じ、相手の動きを分析し、想像し、土俵の広さや相手との距離も常に意識し、それらをどう活かすか、いつもいつも考えていたからこそ出てくる言葉の数々であり、独創性のある解説をも可能にしているのではないでしょうか。

おそらく、この本の第2章にある「ウサギとカメの競走にイモムシが勝つ方法」、舞の海さんに考えていただいたなら、もっともっとたくさんのアイディアを捻出してくださるような気がします。

また舞の海さんと対談できる日が来るのを、私は心から熱望します。

私の原動力をあなたにもシェア!!

自殺という文字をかき消して

さて、この本の最後に、私がお伝えするべき最善のエピソードは一体何か、冷静に考えてみました。前著にも書きましたが、やはりこのお話を外すわけにはいかないと思いました。

私がこれまでの体験を語ると、

「よくぐれなかったよね」とか、

「自殺しようとか考えなかったの」と、不思議がる方がいらっしゃいます。

厳密に言えば、何度か自殺という2文字が、浮かびかけたことはありました。

しかし、その2文字を頭から掻き消し、

「こんなことに負けてはいけない」

「どうにかする方法があるはずだ」と、自分を奮い立たせ、ひたすら思案する、再三再四それを繰り返して乗り切ってきました。

まさに、後天性の精神力と、発想力を鍛え、粘りに粘って生き抜いて来たのです。

では、なぜそこまでして私は生きるのか、生きたいのか、そして生きるべきだと思えるのか。その原動力となっているエピソードをお伝えしましょう。

5歳の少年に教えられたもの

それは私が小学5年の時分、最初に心臓の手術を受けた病院での出来事です。

手術後、私は集中治療室で朦朧としながら目を覚まし、そこで1週間ほど過ごすこととなりました。

とても息苦しかったり、酷くのどが渇いたり、あまりに痛い処置があったりなど、それなりにつらい入院でした。

「なぜ僕だけがこんな痛い思いをしなければならないんだ」

正直そんな風に感じる時もありましたよね。そう、隣のベッドの患者を知るまでは……。

私の隣に寝かされていたのは、ほんの5歳の男の子でした。彼のお母さんは、毎日お見舞いにやってきては、一方的に話しかけ、そして帰って行くのでした。

実は隣にいた私も、その少年の声を聞いたことは一度もありません。なぜなら、人工呼吸器をつけたままだから……。

彼は生まれたときからずっと集中治療室で、ほぼ同じ状態で5歳までの年月を過ごしてきたそうです。来る日も、来る日も。

そんな彼が持っているおもちゃといえば、たった一つだけなのです。消火器のおもちゃが大好きで、いつもそれを握りしめていました。だけど、時々落としてしまう。彼は人工呼吸器越しに、言葉にならない叫びで必死に訴える、すると、看護婦さんが飛んできて、拾ってあげて彼に手渡す。何度もその繰り返し……。

ところで、しゃべることのできない彼が、なぜ消火器好きだとわかったのか、気になりませんか。

それは、ストレッチャーに乗せられ、検査のために病院内を移動する際に、廊下のところどころに置いてある消火器を目で追っているという小さな仕種を、少年のお母さんが見逃さなかったからなのです。

そして消火器のおもちゃを買い与えてみると、予想どおり気に入って手放さなかったそうです。素晴らしい母の愛情ですよね。でもね、考えてみてください。

もし彼が健康だったなら、もっともっと色々なおもちゃを欲しがって、次から次へと遊ぶ歳頃のはずです。おしゃべりだって、うるさいくらいにするはずでしょう。

それなのに少年は、唯一消火器のおもちゃだけを握り、いつまでも集中治療室のベッドの上で過ごし続けているのです。

小学5年の私だって、本当につらい入院生活でしたよ。

だけど、そんな5歳の少年の横で、心臓手術をした程度の10歳の私が、どう考えても弱音なんて吐けるわけがないでしょう。

僕は思った、命を無駄にしてはいけない、と

それで私は、子どもながらに悟ったのです。遊びたくても遊べない、しゃべりたくてもしゃべれない、生きたくても生きられない、そんな子たちがこの世にはたくさんいるんだ。ならば、僕がいただいたこの命は、決して無駄にしてはいけない、絶対に自殺だけはしない。そう心に誓ったのです。だからこそ、私は今日まで粘り強く生き抜くことができたのです。あの少年のおかげなのです。

これから先も、いただいたこの命が在る限り、私は大いに笑い、大いに涙し、大いに喜び、大いに悔しがり、全力で遊び、全力でくつろぎ、全力で働き、全力で応援し、全身で魂を吹き込み、全心で音楽を奏でる……。

そんな風に生きていきます。そう生きなければ勿体ない、そう生きなければ申し訳ない、そう生きなければ……。

これが、儚く散った花たちにできる、せめてもの恩返しだと思うから。これが、しぶとく生きる私に与えられた、愛しき原動力なのです。

エピローグ

気合と魔法の言葉

今回の本も、終わってしまいますね。最後の最後に、私からあなたへ、この言葉をプレゼントしたいと思います。

私がいつもいつも心の中で唱えている、気合と魔法の言葉です。特に仕事中は、これだけを意識して、これだけに集中していると言っても過言ではないでしょうね。

日常生活、もっと言えば人生全てにおいても、常日頃からこれだけを考え、行動するように意識しているのです。

その言葉とは……。

これです！


与えられた環境の中で、いかにベストを尽くすか！


私は贅沢など言ってられない環境で、生活せざるを得ない場面が多々ありました。少なくとも社会人5年目くらいまでは、勉強でも仕事でも、遊びでも、普通の人からすれば我慢の連続というような状況が大半でした。

しかし、我慢の連続という意識では、マイナスの感情しか生まれてきませんよね。そこで

私は、

「与えられた環境の中で、いかにベストを尽くすか」

そんな考え方に切り替えたのです。いつごろからだったでしょう。これなら、どんなに厳しい環境のなかでも、

「少しでもプラスに変えるにはどうすれば」と、プラスの感情や、プラスの行動を取れますよね。私が様々なアイディアをひねり出して逆境を反転できたのも、この考え方があったからに他なりません。私の最大の強みを支える言葉なのです。

音楽に関することで言えば、私はボランティアで病院や高齢者施設を演奏して回っていた頃はもちろん、仕事として演奏させていただくようになってからも、最初の頃は音楽専門のスペースで弾けることなど、ほとんどありませんでした。

手にしている楽器も、おそらく同業者の中で最も安かったでしょう。衣装も満足に買えなかった。言い出せばきりがないほど、一般的には悪条件と言われる状況にあふれていました。でも、それを嘆いたところで、何になりますか。せいぜいひがみや言い訳、甘えぐらいにしか繋がらないですよね。

与えられた環境がどんなに過酷であっても、その時、その中で、自分に可能な精一杯の行動を追及し続ける、それだけに集中しようと努力したのです。

そもそも私が身体障害者である時点で、スピード面を筆頭に、健常者に勝てる部分は皆無です。だからと言って、

「どうせ私は勝負にならないから」と決めつけ、最初からあらゆることを諦めてしまっていては……、何一つ成し遂げられませんよね。

では、何もしないままの人生で面白いですか。

それでは、あまりにもさびしすぎるじゃあないですか。だからこそ私は、挑戦をやめません。たとえ陰で、「無駄な努力」だとか、「低レベル」なんて、笑われていたとしても、決して負けませんよ。

今居るところを大切に、今居られることに感謝し、とにかく今の自分にできるベストを尽くす、ひたすらその連続で良いと思いませんか？

ベストを尽くすしかない！

きっと、今のあなたにも、何らかの与えられた環境があるだろうと思います。その環境や自分自身に対して、納得している、していないに関わらず、何らかの環境を与えてもらっているはずなのです。

周りを見回して、他人と比べて惨めに浸っている暇があるなら、まず、あなたの与えられ

た環境のなかで、今のあなたにできるベストを尽くしてみてください。

必ずあなたのレベルは上がります。必ず評価してくれる人も現れます。ほら、すぐ目の前にあります。あなたがベストを尽くすべき、あなたに与えられた環境が……。

そして、この考え方をしっかり自分自身に浸透させられると、すごく予想外なアクシデントにも、迅速に柔軟に、対応できる人間になれるのですよ。

ピンチに強くなれるっていえばわかりやすいですかね。

どんな状況でも常に、その時点で可能なベストを考えるのですから、自ずとそうなりますよね。私なんて今では、悪条件であればあるほど燃えるような人間になってしまいましたよ。

これまで、会場が真夏の猛暑日の炎天下だったり、クリスマスのイルミネーションの中では気温が2℃しかなかったり、演奏中に雨が降り出したり、弦が切れたり、色々なピンチに遭遇してきましたけど、いつも、

「こんな時こそ穴澤の本領発揮！」と、妙なくらい前向きに対処できました。

本当におすすめの言葉ですので、あなたの呪文にも加えてみてくださいね。

さあ、あなたは与えられた環境の中で、いかにベストを尽くしますか？

私は、学者でも医者でもなければ、経営の神様なわけでもありません。ですから、教科書

みたいな本は書けません。

もしかしたら、そうした方々が執筆された教科書的な本とは、真逆なことさえ書いてしまったかもしれませんね。けれどもこれだけは、自信をもって言えます。

第2章のほんの一部分を除いて、ここに書いた内容は全て、私が経験し、実践済みの実話だけなのです。

中途失明の全盲で、生まれつき心臓にも疾患がある身体障害者の私が、勉強もスポーツも苦手で、音楽でさえ決して優等生でなかった私が、お金も学歴もなく家族すら失ったに等しく、生活困窮者だった私が、そんなコンプレックスの固まりのような人間だった穴澤が投じてきた、とっておきの苦肉の策たちなのです。

ですから絶対、誰にでも簡単に真似できる内容なはずです。

優秀な先生の机上論でも、世界的な大富豪の成功論でも、歴史上の偉人たちの分析論でもありませんから。

ですので、単に普通の読み物として楽しんでもらえただけでも嬉しいのですけど、この本を生き方のヒントや活力源に使っていただけたら、私は心から幸せです。

私と同様に、障害のある方、強いコンプレックスを抱えている方たちに、可能性をお届けできたなら、大変光栄です。

これからも、講演や演奏、放送、著書、そしてユーチューブを通じて、夢と希望、笑顔と感動を配達させてください。どうもありがとうございました。

★メルマガ登録、ライブ・CD情報、演奏・作曲・講演等のご依頼もこちらへ‼
（穴澤雄介オフィシャルファンクラブサイト）
http://yusukeanazawa.com

旅は続く

穴澤　雄介（あなざわ　ゆうすけ）

［ヴァイオリン奏者/ヴィオラ奏者/作・編曲家/講演家］
1975年千葉県生まれ。心臓と目に障害をもって生まれ、高校時代にほぼ視力を失う。筑波大学附属盲学校高等部本科音楽科、同専攻科音楽家卒業。コロナ以前は年間150本以上のライブ活動のほか、学校関係を中心に年30回以上の講演活動を行う。2023年までに自作曲を中心とする19枚のCDをリリース。2020東京・2022北京オリンピック・パラリンピック時のNHKユニバーサル放送TV特番にコメンテータとして出演するなど、ダイバーシティ（多様性）・SDGs時代の要請にも応える。映画『光をみつける　ヴァイオリニスト穴澤雄介からのメッセージ』（監督：永田陽介）主演。

光をみつける

～全盲ヴァイオリニストからのメッセージ～

令和５年５月10日　初版第１刷

著　者　　穴　澤　雄　介
発行者　　梶　原　純　司
発行所　　ぱるす出版 株式会社
東京都文京区本郷2-25-14　第１ライトビル508　〒113-0033
電話（03）5577-6201　FAX（03）5577-6202
http://www.pulse-p.co.jp
E-mail　info@pulse-p.co.jp
本文デザイン　オフィスキュー／表紙カバーデザイン　㈱WADE
編集協力　有限会社フジヤマコム［穴澤雄介Official Fan Club 事務局］

印刷・製本　株式会社 平河工業社

ISBN 978-4-8276-0271-5　C0095